DAVID MEDINA

SEGREDOS MÁGICOS DA SUA MENTE

Segredos mágicos da sua mente – Versão de bolso
1ª edição: Outubro 2019
Direitos reservados desta edição: CDG Edições e Publicações

*O conteúdo desta obra é de total responsabilidade do autor
e não reflete necessariamente a opinião da editora.*

Autor:
David Medina

Revisão:
3GB Consulting

Edição e preparação de texto:
Lúcia Brito

Projeto gráfico:
Dharana Rivas

DADOS INTERNACIONAIS DE CATALOGAÇÃO NA PUBLICAÇÃO (CIP)

M491s   Medina, David.

          Segredos mágicos da sua mente / David Medina. – Porto Alegre: CDG, 2019.

          ISBN: 978-65-5047-015-9

          1. Mente e corpo. 2. Psicologia aplicada. 3. Sucesso pessoal. 4. Autoajuda. I. Título.

CDD - 131.3

Produção editorial e distribuição:

contato@citadeleditora.com.br
www.citadeleditora.com.br

Diamante de Bolso

A coleção Diamante de Bolso apresenta sucessos da Citadel Editora em versão concisa. Os títulos de nosso catálogo foram cuidadosamente lapidados para oferecer facetas cintilantes da obra original.

Este diamante é uma pequena gema para estimular a leitura do livro na íntegra. Uma joia para acompanhar o leitor no dia a dia, como lembrete ou fonte de inspiração.

Aproveite!

SUMÁRIO

Introdução	7
Segredo n° 1 – Mentalismo	9
Segredo n° 2 – A mente oculta	23
Segredo n° 3 – Imaginação poderosa	31
Segredo n° 4 – Emoções poderosas	37
Segredo n° 5 – A magia da comunicação	47
Segredo n° 6 – Leitura da mente	59
Segredo n° 7 – O poder da hipnose	71
Segredo n° 8 – A mente sedutora	79
Segredo n° 9 – Superaprendizagem	89
Segredo n° 10 – Saúde mental	99
Segredo n° 11 – Ação e reação	101
Segredo n° 12 – Motivação	115
Segredo n° 13 – Autoconfiança	125
Segredo n° 14 – A arte mágica do líder	135

INTRODUÇÃO

Comecei a estudar hipnose quando criança. Certo dia, em um programa de TV, vi um paranormal chamado Uri Geller usando o poder da mente para entortar talheres, consertar relógios e ler pensamentos. Foi uma das coisas mais maravilhosas de que tive notícia. Tempos depois, minha mãe me presenteou com uma caixa de mágicas. Ainda lembro da euforia ao abrir a caixa de papelão com a foto de um menino de fraque e cartola diante de duas meninas que o aplaudiam. Foi como abrir um portal para um mundo desconhecido.

Cresci buscando conhecimento sobre poderes paranormais e ciências da mente. Tornei-me um adulto muito bem informado em métodos de autoajuda. Obtive um diploma em Direito e construí uma carreira jurídica de sucesso.

Artisticamente, dediquei-me ao teatro, à música e à mágica. Cursei psicanálise, hipnose, *coaching*, PNL e li todas as obras que encontrei sobre neurociências e física quântica.

Neste livro vou ensiná-lo a usar sua mente de forma produtiva e integral, explorando recursos conscientes e inconscientes. Vou ensiná-lo a hipnotizar, ler pensamentos, seduzir e se comunicar melhor. Além disso, você vai aprender a controlar as emoções, usar seus pensamentos para atrair sucesso e agir de forma positiva, obtendo os resultados que deseja. Você aprenderá a se sentir motivado e a motivar os outros, além de adquirir autoconfiança.

Esses segredos são mágicos porque geram transformação, que há milênios é a essência da magia, e porque são em boa parte desconhecidos da maioria das pessoas. Mesmo assim, são como os truques de mágica da minha velha caixa: simples de serem executados e com um poder enorme para transformar você e os outros nas pessoas que desejam ser.

SEGREDO N° 1

MENTALISMO

Mentalismo pode ser definido como a "ciência do poder da mente". É um conjunto de teorias, postulados, práticas, métodos e técnicas destinado a ativar os poderes mentais. Expansão da consciência, pensamento positivo, poder da fé, sugestão, influência, clarividência, supermemória e telepatia fazem parte do mentalismo em sua forma aplicada.

Existem basicamente três dimensões do mentalismo: experimental, científica e artística. Na dimensão experimental temos postulados e práticas sem base científica, consagrados pela humanidade. O mentalismo científico é baseado nas disciplinas que estudam o cérebro e a mente, como neurociência, psicanálise e programação neurolinguística. Na dimensão artística, o mentalismo é a representação teatral de fenômenos como telepatia e clarividência.

Tudo é mente

Tudo o que vemos, sentimos, somos, experimentamos, assim como o mundo que conhecemos, é resultado de nossa mente. Dizer "tudo é mente" pode parecer estranho; todavia, se substituirmos a palavra "mente" por "energia", fica mais fácil de compreender. Hoje sabemos que toda a matéria do universo nada mais é do que energia. Partículas de energia unidas de maneiras específicas criam a ilusão da solidez.

Tudo é energia, tudo é mente. Não existem poderes sobrenaturais. Todos os poderes são naturais. As coisas "sobrenaturais" decorrem do paradigma científico que não aceita o que não possa ser submetido ao rigor probatório. Contudo, inexistência de prova não é prova de inexistência.

Todos os eventos da vida nada mais são do que obra dos nossos pensamentos, que produzem resultados de acordo com a lei de causa e efeito. Tudo que fazemos se forma primeiro na mente. É necessário pensar plasticamente, isto é, de modo realista; quanto mais intenso for o desejo de que algo tenha existência concreta, mais rapidamente se realizará.

A ação do mentalista pode se dar por intermédio da imaginação criativa, da repetição, da escrita ou de outros meios, mas sempre haverá a palavra, o logos, o verbo criador ("no princípio era o verbo"). Ao usar o poder do pensamento para fazer uma afirmação que contradiz as aparências, você está formando um novo modelo mental para influenciar a matéria e assim criar uma nova realidade física (de saúde, dinheiro, relacionamentos etc.). Nisso reside o poder da fé.

Fé é um pensamento que faz com que seu poder mental tome conta de sua vida. A história comprova que, para quem acredita firmemente, nada é impossível. Para ter sucesso e atrair coisas boas, abandone falsas crenças, opiniões, superstições e terrores da humanidade. Comece a crer nas capacidades que existem em você para atrair saúde, sucesso e prosperidade. Como disse James Allen, um dos precursores da literatura de autoajuda, "o homem é aquilo que ele pensa". Pense que você é um fracassado e você será; pense que é bem-sucedido e será.

Regras do pensamento

Nossa mente pode ser programada de maneira positiva e motivada com experiências e visualizações de amor, felicidade, sucesso, êxito, tranquilidade, vida saudável e aperfeiçoamento emocional, físico e mental progressivo.

- 💎 REGRA Nº 1: todo pensamento produz uma reação fisiológica. Se pensarmos coisas boas, nosso corpo reagirá de forma positiva. O mesmo vale para os pensamentos negativos.

- 💎 REGRA Nº 2: todo pensamento, desde que possível, tende a se realizar. Quando realizáveis, nossos objetivos têm uma tendência natural a se concretizar; as coisas ruins que pensamos também tendem a se realizar.

- 💎 REGRA Nº 3: todo pensamento produz uma sensação, emoção ou desejo.

- 💎 Regra nº 4: todo pensamento gera ações conscientes e inconscientes, como atos falhos, expressões corporais e pistas oculares.
- 💎 Regra nº 5: a imaginação prevalece sobre a vontade. Pela imaginação é possível mudar o comportamento.
- 💎 Regra nº 6: pensamentos semelhantes se atraem.
- 💎 Regra nº 7: a mente não pensa em termos negativos. Se você disser "quero perder peso", a mente focará em "peso". Se quiser emagrecer, pense em ser magro.
- 💎 Regra nº 8: a mente não reconhece diferença entre realidade e imaginação. Quando pensamos sobre algo, a mente esforça-se para realizar.

Atitude mental positiva

Pensamento positivo nada mais é do que otimismo, coragem e motivação. Pessoas com atitude mental positiva atraem coisas boas porque mentalizam imagens positivas. O pensamento positivo não se deixa afetar por fatores que não consegue controlar (como mau tempo e trânsito), por exemplo. Isso não significa ignorar a realidade e os problemas, vivendo no mundo da fantasia. Significa encarar a vida de frente, com responsabilidade e otimismo.

Uma pessoa com atitude mental positiva comemora cada sucesso com alegria e gratidão; jamais percebe a derrota como um fracasso, e sim como aprendizado. Um problema é sempre uma oportunidade. Pessoas com atitude mental positiva desenvolvem a sublime obsessão de ajudar e têm como lema que toda ocasião é uma grande ocasião.

Pessoas com pensamento positivo amam a vida, a si mesmas e aos demais e cuidam da saúde para poder desfrutar ao máximo da existência, mantendo sentimentos altruístas e compartilhando seus êxitos com os outros. Pessoas positivas gostam de elogiar em vez de criticar, sabem dar *feedbacks*. Sabem viver a vida com propósito, sabem o que querem e aonde querem chegar. A atitude mental positiva deve ser exercitada; quanto mais pautarmos nossa vida por pensamentos positivos, mais atitudes positivas adotaremos.

A Lei da Atração

Atraímos para nossa vida qualquer coisa a que dedicamos atenção e energia, seja positiva, seja negativa. Pensar em coisas boas, portanto, é uma excelente maneira de ocupar a mente, fazendo com que coisas boas aconteçam.

A física quântica tem sido um terreno fértil para o estudo dos postulados do mentalismo experimental. Muitos autores dizem que a Lei da Atração tem raízes na física quântica.

Segundo a Lei da Atração, para controlar a energia dos pensamentos e atrair o que se quer é preciso quatro coisas:

- Saber o que se quer;
- Pensar no que se quer com convicção;
- Sentir e se comportar como se o objeto de desejo estivesse a caminho;
- Estar aberto para recebê-lo.

Algumas pessoas entendem que usar a Lei da Atração significa pensar "quero ser rico" e começar a gastar dinheiro como tal, esperando passivamente o dinheiro aparecer na conta. É óbvio que não funciona assim. Você precisa fazer a sua parte. O universo funciona mediante trocas.

Use a Lei da Atração quando estiver na cama, com a mente relaxada, prestes a dormir. Imagine o que deseja e diga mentalmente "eu quero". Quanto mais detalhada a visão, melhor. Se deseja um emprego, veja-se desempenhando a nova função. Se está apaixonado, veja-se com a pessoa, viva o romance com ela em sua mente. Sinta intensamente; na imaginação você deve agir, falar e pensar como se o desejo já estivesse realizado. Ao acordar, volte a imaginar e pedir o que deseja. Entusiasme-se com a perspectiva de receber algo tão importante para você.

A prática aos poucos criará as condições materiais para a realização do desejo. Não tenha pressa, apenas deixe que seu pensamento e suas ações criem as condições. Ao receber, mostre gratidão. Seja grato pelo que você já tem e por todas as coisas que o universo continua lhe dando.

Mente e cérebro

Segundo a neurociência, o que chamamos de mente é resultado da atividade cerebral. O cérebro é o órgão físico da mente e produto de uma longa evolução.

A parte mais antiga é o cérebro reptiliano, que tem cerca de quinhentos milhões de anos e regula as funções centrais (respiração, sono, despertar, ritmo cardíaco etc.). O cérebro límbico tem cerca de duzentos milhões de anos e se refere à sobrevivência (fugir ou lutar, alimentação, reprodução). No límbico estão localizados a amígdala, responsável pelas emoções (raiva, medo, prazer etc.) e pelas lembranças que elas geram; o hipocampo, que converte a memória de curto prazo em longo prazo; e o tálamo, que controla os sentidos.

A parte mais nova do cérebro humano é o neocórtex, que nos separa do resto dos animais e apresenta capacidades extraordinárias, como pensamento lógico, linguagem, compreensão de símbolos, metáforas e matemática. Mais inteligência exigiu um córtex cada vez maior. Para o bebê humano passar pelo canal vaginal com um cérebro maior, a natureza dobrou o tecido cerebral, que ficou com aspecto rugoso semelhante a uma noz. Estendido, o cérebro humano tem superfície de cerca de dois metros quadrados.

Bebês humanos são extremamente vulneráveis nos primeiros anos de vida. Isso fez com que nossos antepassados desenvolvessem habilidades e estruturas sociais, pois as fêmeas precisavam ficar com suas crias mais tempo e precisavam dos machos para proteção e comida. O cérebro continuou crescendo, desenvolvendo empatia, altruísmo e construindo vínculos. Nesse momento evolutivo, há cem mil anos, surge o córtex pré-frontal (localizado na região da testa) e nosso primeiro ancestral direto, o *Homo sapiens*. Essa região do cérebro, uma das que mais consomem energia, é responsável por compreender, decidir racionalmente, memorizar, recordar e inibir pensamentos.

O cérebro é dividido em dois hemisférios pelo corpo caloso (um feixe de nervos). Cada lado do corpo é comandado pelo hemisfério oposto. O hemisfério esquerdo, dominante em uns 98% da espécie humana, é responsável pelo pensamento lógico e pela linguagem verbal; o direito, pelo pensamento simbólico e pela criatividade. Essas funções estão invertidas nos canhotos.

O hemisfério direito é estimulado por leitura de ficção, silêncio, atividades lúdicas como teatro e mágica, dormir de dia, obras de arte, música, atividade física, *hobbies*. Se quiser estimular o hemisfério esquerdo, siga uma receita passo a passo, use GPS para dirigir e faça palavras cruzadas. O ideal é desenvolver um bom trânsito entre os hemisférios para primeiro sentir o que uma situação pede e depois usar a ferramenta apropriada; contudo, as pessoas tendem a ficar na zona de conforto do hemisfério dominante.

Nosso sistema nervoso também se divide em dois. O sistema nervoso periférico (SNP) engloba os nervos fora do cérebro e a medula espinhal, os nervos cranianos-espinhais e gânglios periféricos. O sistema nervoso central (SNC) é constituído pelo encéfalo e pela medula espinhal. O encéfalo é o centro de controle das funções vitais, consciência, pensamento, memória e emoção. Na base do encéfalo está o tronco cerebral, responsável pela excitação e regulagem de funções como deglutição e frequência cardíaca. O cerebelo, localizado na parte posterior do tronco cerebral, coordena os movimentos do corpo.

O cérebro, a parte superior do encéfalo, pesa cerca de 1,4 quilo e se divide em quatro – os lobos frontal, parietal, occipital e temporal. O lobo frontal, na região da testa, está associado à atividade motora, articulação da fala, pensamento, planejamento, cognição e memória. O lobo parietal, na região central do crânio, responde pela interpretação das sensações e pela orientação do corpo. O lobo occipital, na nuca, interpreta a visão. Os lobos temporais, acima das orelhas, processam as emoções e a memória.

O córtex é a camada externa do cérebro humano, um tecido rugoso de cerca de dois milímetros de espessura responsável por funções complexas como memória, atenção, consciência, linguagem, percepção e pensamento. Constituída por massa cinzenta, essa estrutura processa o pensamento abstrato e as representações simbólicas. A base do cérebro é composta por gânglios basais, tálamo e hipotálamo, atuando na coordenação de movimentos, organização da transmissão e recepção das informações sensoriais e atividades automáticas do corpo, respectivamente.

O cérebro comanda nossa vida, mas tudo começa nos neurônios. Neurônio é uma célula que parece um ovo frito pisoteado com vários ramos escabelados, contendo cerca de dois metros de DNA em seu núcleo. O cérebro humano tem cerca de cem bilhões de neurônios, que se comunicam por meio de sinapses. As conexões sinápticas são a base do aprendizado. Quanto mais conexões, maior a capacidade cerebral. Os neurônios transmitem as informações sinápticas aos nervos, músculos e glândulas por meio de impulsos elétricos. Cada neurônio apresenta de mil a dez mil conexões.

O comportamento humano está condicionado a alguns mecanismos, especialmente os seguintes:

- ♦ RECOMPENSA: esse sistema, localizado no núcleo accumbens, é movido a dopamina, a base molecular dos vícios, que faz com que os seres humanos tenham a tendência natural de buscar o prazer e fugir do desprazer; a busca do prazer é mais forte na medida em que estamos dispostos a correr riscos para obtê-lo.

◈ LUTA-FUGA: temos dois sistemas competindo em nosso corpo: o simpático e o parassimpático. Diante de uma ameaça, o sistema simpático ativa a resposta "luta ou fuga", impulsionado pela norepinefrina, aumentando os batimentos cardíacos e a pressão arterial e produzindo a respiração ofegante. De outro lado, o sistema parassimpático é responsável pela reação de "pare e reflita", pois nem toda ameaça é real.

Muitas de nossas ações impulsivas estão relacionadas a esses dois mecanismos. Ao sentir um impulso indesejado, como devorar uma barra de chocolate e pôr fim à dieta, faça uma pausa, respire fundo e endireite as costas; isso oxigenará o cérebro e permitirá o transporte mais rápido dos neurotransmissores da medula espinhal até o restante do corpo.

SEGREDO Nº 2

A MENTE OCULTA

Muitos chamam a parte oculta da mente de subconsciente. A mente oculta ainda é um mistério para a ciência, que aos poucos começa a desvendar seu funcionamento. Sabe-se que é sentimental, irracional, imagética e atemporal. Não tem juízo crítico, e seu conteúdo é totalmente avesso a regras. É responsável por comandar nossos processos fisiológicos, guardar informações não processadas conscientemente e gerar comportamentos inconscientes.

Segundo a psicanálise, o conteúdo oculto se manifesta por meio de atos falhos, neuroses, sonhos e fobias. Porém, é possível acessar a mente oculta por hipnose e outras técnicas.

O poder da mente oculta

A psicanálise ensina que o consciente protege o inconsciente, filtrando as mensagens que entram e reprimindo conteúdos para que não se manifestem. O consciente funciona como uma sentinela do inconsciente. Pela sugestão, especialmente antes de dormir, quando a sentinela está relaxada, é possível bombardear a mente oculta com mensagens.

Assim como o inconsciente tende a realizar conteúdos indesejados por meio de atos falhos e neuroses, também irá realizar as coisas boas que lhe forem enviadas. A mente oculta aceita tudo que lhe é sugestionado de forma vigorosa e constante, mesmo que seja falso. Portanto, é preciso ter cuidado com o que pensamos e dizemos. Se você pensa ou diz "não posso", "não consigo", "não sou capaz", sua mente oculta transformará essa ideia em realidade.

Para acessar o poder da mente oculta, envie-lhe uma mensagem clara por meio de uma prece, palavras, ordens ou imagens. Quanto mais realista a imagem do que é solicitado, quanto mais intensa a ordem dada, quanto mais fervorosa a prece, mais forte será a resposta. Fé significa convicção de pensamento, certeza de alcançar o desejado.

Por exemplo, antes de dormir, repita a palavra "riqueza" calmamente, sem esforço, sentindo-a em toda a plenitude. Embale-se até cair no sono com essa única palavra. Você ficará surpreendido com os resultados.

Sono e sonhos

O sono é essencial para a paz de espírito e a saúde do corpo. Privação de sono pode causar irritação, depressão, perda parcial da memória, confusão e má coordenação.

O sono é um importante regulador das funções vitais, desenvolvendo-se em ciclos de cerca de 90 minutos. O número de ciclos varia de acordo com o tempo de sono, sendo que sete ou oito horas é o ideal para humanos. O sono é composto por quatro ou cinco ciclos na juventude, mas tende a diminuir com a idade.

Há dois tipos fisiológicos de sono: movimento não rápido dos olhos (NREM – *non rapid eye movement*) e movimento rápido dos olhos (REM – *rapid eye movement*). O NREM é a primeira etapa; começa com a sonolência, dividindo-se em quatro estágios, de leve a profundo, que se repetem. Depois vem o sono REM, o período mais importante, quando ocorre a integração das atividades cotidianas. É nessa fase que os sonhos acontecem com mais intensidade.

Há evidências científicas de que os sonhos reverberam memórias do período de vigília, o que converge com a tese de Freud de que o sonho usa "restos do dia", vestígios mnêmicos das atividades despertas, para realizar desejos e impulsos reprimidos no inconsciente por meio de distorções e condensações que disfarçam o conteúdo reprimido e conferem ao sonho uma aparência simbólica peculiar.

Alguns cientistas apontam ainda uma função premonitória nos sonhos, que seriam um oráculo biológico, avisando sobre potenciais perigos ou oportunidades e aconselhando o indivíduo sobre as melhores decisões a tomar no mundo real. Essa atividade nada tem de sobrenatural, sendo produto do processamento das experiências adquiridas durante a vigília. Antes de dormir, exponha o problema que deseja resolver e deixe que sua mente traga a solução com um sonho ou uma visão. Às vezes, a solução aparece quando você, já acordado, menos espera.

Certos estudos apontam para a validação dos sonhos lúcidos, aqueles em que o sonhador assume o controle da experiência. Entre as várias técnicas de sonho lúcido, a mais utilizada é da autossugestão. Consiste em ir para a cama todas as noites e fazer a seguinte afirmação repetidamente, até adormecer: "Esta noite, tomarei consciência plena do meu sonho para resolver meu problema...". A prática repetida levará ao sonho lúcido e à resposta. Não se esqueça de tomar nota da solução, uma vez que a memória onírica é fugidia.

Pêndulo de Chevreul

Efeito ideomotor é o nome dado à influência da sugestão sobre movimentos corporais involuntários e inconscientes. O fenômeno foi originalmente descrito pelo naturalista britânico William Benjamin Carpenter em 1852. Porém, o químico francês Michel Chevreul havia se deparado com a mesma ideia já em 1808, utilizando um anel preso a um cordão sobre as letras do alfabeto e conseguindo um efeito semelhante ao do tabuleiro Ouija.

O pêndulo é muito utilizado como instrumento de radiestesia e, graças ao efeito ideomotor, pode ser usado para obtermos comunicação com o inconsciente. O pêndulo pode ser adquirido em casas especializadas em produtos de radiestesia, mas pode ser construído facilmente com uma aliança amarrada na extremidade de um fio com vinte ou trinta centímetros de comprimento; uma pequena chave de metal pendurada na ponta de um cordão fino; uma agulha atravessada em uma rolha presa na extremidade.

Olhe fixamente para o pêndulo e pense firmemente que este se move em sentido horário. Veja-o mover-se assim. Não faça nenhum movimento nem aplique qualquer esforço, apenas pense e deixe o pêndulo se mover. A seguir pense que o pêndulo está parando. Apenas pense até que o pêndulo pare. Pense então no movimento anti-horário e observe esse movimento começar e se intensificar sem qualquer ajuda ou esforço de sua mão. A seguir tente movimentos em linha reta para frente e depois para os lados.

Em uma folha de papel, faça dois riscos que se cruzam, com um círculo em volta. Segure levemente a ponta do fio entre o polegar e o indicador, mantendo o braço distante do corpo, sem apoio. Se o braço cansar nessa posição, você poderá apoiar o cotovelo na mesa, mantendo a extremidade do pêndulo a cerca de três centímetros da folha de respostas. Feche os olhos, concentre-se na palavra "sim" e peça ao inconsciente que diga "sim". Com paciência, observe o tipo de movimento do pêndulo e anote na folha. A seguir, repita o procedimento com a palavra "não" e anote o movimento correspondente. Faça o mesmo com as palavras "talvez" e "dificilmente". Assegure-se bem das respostas a fim de estabelecer o padrão correto de oscilação. Faça um teste solicitando respostas óbvias, como "o Natal é em dezembro?", "eu me chamo David?".

Depois de se familiarizar com o funcionamento do pêndulo, você poderá utilizá-lo para buscar respostas na sabedoria depositada em seu inconsciente, obtendo ajuda para tomar decisões, saber o sexo de um feto, encontrar objetos perdidos, verificar se existe correspondência amorosa etc. Com o tempo, será possível realizar experiências mais ousadas, como prever eventos.

Porém, para obter respostas corretas é preciso saber perguntar. As respostas do pêndulo devem ser entendidas como orientações, e não como verdades absolutas, já que os processos conscientes, as crenças equivocadas, a negatividade, o estresse, a pressa e outros fatores podem influenciar o movimento oscilatório.

O pêndulo deve ser manejado com a mais absoluta serenidade e livre da interferência de pensamentos negativos. Meditação, auto-hipnose e preces poderão ser usadas antes da utilização do pêndulo, para acalmar a mente.

SEGREDO N° 3

IMAGINAÇÃO PODEROSA

A imaginação pode produzir reações positivas ou negativas em nível fisiológico. Assim, precisamos usá-la a nosso favor.

Mentalização

Mentalização consiste em criar uma imagem mental. Essa técnica, muito utilizada por artistas e esportistas, é assim:

- 💎 Tenha fé no poder de transformação por meio da mente.
- 💎 Estabeleça um objetivo definido, evite generalizações do tipo "eu quero ser feliz".

- ♦ Use objetivos positivos. Em vez de "eu não quero fumar", imagine-se com um pulmão sadio.
- ♦ Relaxe. Feche os olhos, respirando lentamente pelo nariz e soltando pela boca.
- ♦ Crie uma imagem realista, envolvendo todos os sentidos.
- ♦ Fortaleça essa imagem em sua mente, repetindo a mentalização diariamente, até atingir seu objetivo.

Dissociação–associação

Vá para um lugar silencioso, relaxe e dissocie-se, isto é, imagine-se fora do seu corpo e se observe. A seguir, veja-se na situação desejada (recebendo uma promoção ou prêmio, exibindo boa saúde, passando em uma prova etc.). Imagine a cena da forma mais realista possível. A seguir associe-se, isto é, volte para o corpo e sinta intensamente a cena, usando todos os sentidos, para o máximo de realismo.

A mente curadora

Placebo é um medicamento, terapia ou procedimento

inativo, sem propriedade curativa, mas que apresenta resultados devido à crença do paciente em sua eficácia. O efeito placebo, portanto, nada mais é do que a cura pelo poder da imaginação, expressa pela fé na terapia. Experimente esta técnica para curar a dor de cabeça:

- Feche os olhos e relaxe a mente.
- Crie um símbolo visual para a dor de cabeça; dê-lhe uma forma e uma ou várias cores.
- Veja o símbolo da dor preenchendo todo o campo de visão em primeiro plano, à frente de um cenário de paz e tranquilidade, como uma praia ou um campo florido.
- Faça com que o símbolo da dor de cabeça se afaste lentamente, deixando a paisagem que estava ao fundo ocupar aos poucos a totalidade do quadro.
- À medida que o símbolo se afasta, vai perdendo a cor; quando se tornar um pontinho no fundo do quadro, faça-o explodir em partículas que a seguir desaparecem.

Criatividade

O processo criativo ocorre em cinco etapas:

- ◆ Preparação: surge o problema que atiça a curiosidade;
- ◆ Incubação: as ideias se agitam, sem nada de concreto;
- ◆ Revelação ou *insight*: surge a solução, em geral acompanhada de arrebatamento emocional;
- ◆ Validação: é a verificação da revelação, para saber se tem valor e deve ser levada adiante;
- ◆ Elaboração: ainda que validada, a revelação precisa passar por um processo de aprimoramento, sendo essa a parte mais trabalhosa do processo.

Para ser criativa, a pessoa deve ser flexível e eliminar a crítica, deixando as ideias fluírem sem preocupação ou medo. Não deve olhar para trás pensando "já tive essa ideia e não funcionou". Não deve editar as ideias; no processo criativo, tudo deve ser concebido como possível. A edição, execução e as dificuldades das ideias ficam para um segundo momento.

Podem ocorrer bloqueios criativos, quando se parece ficar preso ao problema sem evoluir. Diante de um impasse, não convém focar no problema com mais energia. Ao contrário, deve-se fazer algo totalmente diferente, interessante, divertido e prazeroso. A melhor coisa para desfazer um impasse é o relaxamento.

Há uma técnica que consiste em imaginar vivamente um bloqueio como uma peça de vestimenta ou um adereço (camisa, sapato, relógio etc.). Tirando a peça do corpo, a pessoa se sentirá mais relaxada, e o bloqueio criativo tenderá a desaparecer.

Estratégia Disney

O método de criatividade de Walt Disney consiste em assumir as posições de sonhador, realista e crítico, utilizando três espaços distintos, como cadeiras diferentes, por exemplo. Na posição de sonhador, feche os olhos e deixe a imaginação voar, sem se preocupar em como executar as ideias. Na posição realista, traga os devaneios e fantasias para o plano da realidade. Na posição de crítico, busque os pontos fracos da ideia. Se necessário, repita as três posições.

Canalização

Canalização consiste em fechar os olhos e deixar os pensamentos fluírem livremente por alguns minutos. Não faça nenhum esforço, não evoque lembranças, não reprima ideias, simplesmente deixe o pensamento à solta. Depois de alguns minutos, abra os olhos e sinta-se revigorado. Durante a canalização, é comum surgirem *insights* e revelações.

SEGREDO N° 4

EMOÇÕES PODEROSAS

Durante anos, pensamos ser animais racionais com sentimentos. Atualmente, há consenso científico de que somos seres emocionais que aprenderam a pensar. O cérebro límbico, responsável pelas emoções, duzentos milhões de anos; o córtex, a parte racional, apenas cem mil anos.

A emoção domina de nossa vida mental. A maioria de nossas decisões não é consciente, mas emocional. Usamos a razão não para escolher, mas para justificar as escolhas. Todo comportamento está relacionado a algum tipo de emoção: sentimo-nos incomodados quando toca o despertador e queremos seguir dormindo, o banho quente nos conforta, o trânsito nos estressa.

Nossa vida se baseia na determinação do cérebro em minimizar o perigo e maximizar a recompensa. Felicidade, alegria e prazer são emoções ligadas à recompensa e nos aproximam dos respectivos estímulos; ansiedade, medo e tristeza estão associadas ao perigo, fazendo-nos fugir do que causa esses sentimentos. Em geral, nossas decisões são automáticas e disparam uma fração de segundo antes de termos consciência do que decidimos. A tomada da decisão é tão mais rápida quanto maior o perigo ou a recompensa.

Vamos examinar algumas técnicas e estratégias de mudança de estado emocional, hábitos e comportamentos.

Ancoragem

Âncoras são estímulos associados a algum tipo de emoção ou estado emocional positivo ou negativo. Muitas âncoras são geradas espontaneamente e se tornam imperceptíveis. Um cheiro pode trazer uma emoção associada a uma lembrança positiva ou negativa, por exemplo. Assim como música natalina. As âncoras funcionam automaticamente, e nem sempre estamos conscientes delas.

Ancorar significa produzir um estímulo quando o estado emocional desejado é experimentado, de modo que o estado fique associado ao estímulo. Ativar a âncora significa repetir o estímulo para que o estado associado se repita.

Uma âncora pode ser visual, auditiva ou cinestésica. Uma âncora visual pode ser uma imagem. Âncoras auditivas podem ser uma palavra, frase ou estalar de dedos. Âncoras cinestésicas em geral são toques em certas partes do corpo.

As âncoras podem ser usadas para enfrentar situações difíceis, como falar em público. Um processo de ancoragem é o seguinte:

- Sente-se confortavelmente e identifique a situação na qual deseja ter mais recursos.
- Identifique o recurso desejado (por exemplo, confiança).
- Escolha uma ocasião da vida em que teve esse recurso.

- ◆ Selecione as três âncoras que serão utilizadas: uma imagem, um som ou palavra e um gesto.
- ◆ Imagine-se vivenciando plenamente o momento em que experimentou o recurso desejado. Faça isso várias vezes e, ao chegar no ponto máximo, saia da experiência.
- ◆ Reviva seu estado de recursos e, ao chegar ao ápice, conecte as três âncoras. Mantenha o estado mental tanto tempo quanto desejar e depois mude de estado.
- ◆ Dispare as âncoras para testar se entra no estado mental desejado. Se preciso, repita a etapa anterior.
- ◆ Imagine a situação futura na qual gostaria de ter esse recurso ou usá-lo. Pense no que verá, ouvirá ou sentirá quando estiver na situação e lembre-se de usar a âncora.

Essa técnica pode ser utilizada para ancorar recursos diferentes. Algumas pessoas ancoram cada recurso em um dos dedos, enquanto outras associam vários recursos à mesma âncora, o que a torna muito poderosa. Utilize âncoras simples e discretas, acionáveis a qualquer momento.

Swish

Outra técnica para mudança de estados emocionais é conhecida como *swish* e se desenvolve nos seguintes passos:

- Especifique o comportamento indesejado que deseja modificar (por exemplo, o medo de falar em público).

- Crie uma "imagem pista" do comportamento indesejado em uma condição "associada", vivendo intensamente a situação, vendo o que viu, ouvindo o que ouviu e sentindo o que sentiu em situação similar no passado.

- Crie uma "imagem desejada", de como será na situação de sucesso. Essa imagem deve ser "dissociada", isto é, como se estivesse assistindo a um filme de si mesmo.

- Faça um teste ecológico, refletindo se há alguma objeção à imagem desejada.

- Visualize ambas as imagens lado a lado simultaneamente. A imagem pista deve estar ampliada e colorida, enquanto a imagem desejada deve estar em preto e branco e com tamanho reduzido.

- 💎 Execute a troca de imagens, dizendo *swish* (ou outra palavra significativa). Visualize a imagem pista perdendo a cor e se afastando, enquanto a imagem desejada ganha cores e se aproxima. A troca deve ser rápida.
- 💎 Abra os olhos e pense em outra coisa.
- 💎 Repita os passos anteriores pelo menos cinco vezes.

Submodalidades

A mudança de um estado pode ocorrer por meio de submodalidades, variações do sistema representacional. A fim de se sentir fortalecido para encontrar alguém, feche os olhos e imagine a pessoa diminuindo até caber na palma da sua mão. Imagine-a então vestida e maquiada como palhaço. Faça a pessoa dançar na sua mão, dar cambalhotas, o que quiser; ao encontrá-la, você se sentirá bem mais à vontade.

Uma técnica semelhante consiste em pensar várias vezes "Eu gosto de fulano", se possível vivenciando a sensação de gostar. Ao encontrar a pessoa, você certamente terá atitudes mais positivas em relação a ela.

Enfrentando o medo

Mudar o modo como pensamos pode mudar o modo como nos sentimos. Antes de uma entrevista de emprego, em vez de pensar "não sei o que dizer, vou ser reprovado", deve-se pensar "estou bem preparado e vou causar boa impressão".

A dessensibilização, exposição gradual à suposta ameaça, é uma técnica muito útil para o medo de altura, de insetos, de lugares fechados ou de dirigir. Quem tem medo de altura deve olhar imagens de lugares altos até sentir-se confortável, depois ver vídeos e por fim aproximar-se de sacadas seguras.

Uma técnica utilizada em auto-hipnose para enfrentar o medo é a seguinte:

- ♦ Feche os olhos, relaxe, respirando profundamente e contando de 100 até 1, o que o levará a um transe leve.
- ♦ Defina seu medo e dê a ele um formato e uma cor – uma montanha negra, por exemplo.
- ♦ Imagine que o objeto que representa o medo está diminuindo de tamanho, até caber na palma de sua mão.

◈ Quando o medo ficar pequenino, jogue-o longe, na direção do Sol, até vê-lo desaparecer.

Medo do fracasso

O fracasso não é uma prova de incapacidade, mas uma hipótese a ser encarada, que nada tem a ver com seu valor como pessoa ou profissional. Enfrente o medo do fracasso com frases positivas, respiração focada, relaxamento, imagens mentais e ancoragem. Evite focar no negativo. Substitua de imediato pensamentos negativos por positivos.

Muitas vezes existe "medo do sucesso", enraizado em fatores inconscientes, neuroses e crenças limitantes. É essencial reconhecer o medo do sucesso e procurar apoio para vencê-lo.

Cura rápida de fobias

A PNL oferece um método rápido para cura de fobias:

◈ Imagine que está em uma sala de cinema. Veja-se fazendo algo neutro em uma pequena tela em preto e branco.

- Saia do corpo e olhe para si mesmo na tela.
- Nessa posição, assista a um filme em preto e branco no qual você passa pela experiência que deseja neutralizar.
- Após ter acabado de se ver no filme, quando tudo voltou ao normal, congele a imagem e entre nela. Torne essa imagem colorida e volte o filme do fim para o início, com você dentro dele, como se estivesse voltando no tempo.
- Agora, teste. Pense no incidente e observe se consegue se sentir mais confortável. Se conseguir, não precisa fazer mais nada. Senão, repita o processo ou peça ajuda de alguém para repetir a experiência.

Gerenciamento do estresse

Alguns hábitos simples podem ser úteis no alívio do estresse:

- Praticar ioga ou meditação;
- Inspirar profundamente, reter o ar por cinco segundos e soltar, repetindo várias vezes;
- Manter vínculos com amigos e familiares;

- ♦ Rir para oxigenar o cérebro e liberar endorfinas;
- ♦ Descansar, dormir adequadamente;
- ♦ Fazer exercícios físicos.

Uma boa tática para lidar com o estresse é olhar para cima, contemplar a imensidão do céu, a copa das árvores, as nuvens, as estrelas. Ao mudarmos nossa perspectiva, o cérebro imediatamente produz substâncias antiestresse.

Controle da raiva

Feche os olhos, respire fundo e imagine que a raiva é uma nuvem vermelha dentro de você. Respirando calmamente, imagine a nuvem evaporando-se até se extinguir.

Experimente também respirar fundo e contar até dez; imagine-se em uma praia; aos poucos, aborde o pensamento de que a sensação de raiva só trará mais problemas.

SEGREDO N° 5

A MAGIA DA COMUNICAÇÃO

A primeira habilidade de um comunicador é a boa audição, isto é, ouvir prestando atenção. A maioria das pessoas ouve pensando na resposta a dar. O comunicador eficiente ouve com atenção e interesse no interlocutor.

Visão

Uma comunicação eficaz exige contato visual. Evite olhar para os lados ou através do outro. O grande mágico espanhol Juan Tamariz diz que devemos imaginar fios saindo de nossos olhos e atingindo os olhos dos espectadores. Os fios devem ser tensionados para que não se percam, mas não demais, a fim de que não se rompam.

Energia

Quando falar, demonstre entusiasmo e energia. Existe uma técnica para isso que se chama iluminação. Antes de começar a falar, imagine seu corpo totalmente iluminado, como se fosse uma fonte de luz. Durante a fala, procure irradiar a luz por todo o recinto. Essa atitude mental transformará sua fala em uma mensagem inspiradora e repleta de energia.

Emoção

Carl W. Buehner resumiu com perfeição: "As pessoas esquecerão o que você disse, as pessoas esquecerão o que você fez. Mas nunca esquecerão como você as fez sentir".

Credibilidade

A premissa da credibilidade é convicção. Não deve haver conflito entre o que a boca diz e o que o corpo comunica.

Rapport

Rapport é empatia ou identificação com o outro. Um bom *rapport* estabelece vínculo emocional imediato e melhora sensivelmente a comunicação.

O *rapport* começa com um aperto de mãos sincero e confiável. A palma não deve estar voltada para cima, para não demonstrar subserviência, nem para baixo, pois isso pode ser interpretado como uma iniciativa dominadora. Tenha um aperto de mão firme, sorrindo e olhando nos olhos. O cumprimento deve abranger a mão inteira, palma com palma, e não apenas os dedos da outra pessoa.

Imitação e espelhamento são os principais mecanismos de *rapport*. Imitar significa repetir com a máxima fidedignidade o comportamento do outro; espelhar é adotar posturas e gestos simétricos, como se o outro se olhasse no espelho. Mas é preciso discrição e sutileza ao imitar e espelhar.

Por exemplo, procure falar na mesma velocidade e com o mesmo tom de voz. Se a pessoa fala devagar, fale devagar também. Se o outro fala alto, procure falar alto também.

Uma boa técnica de *rapport* consiste em obter anuência do interlocutor mediante fatos incontroversos. Por exemplo: "Está calor, não é verdade?".

Identifique o sistema representacional (visual, auditivo ou cinestésico) em que a pessoa está processando informações e procure adequar-se a esse sistema. Com pessoas que estejam no modo visual, devem ser utilizadas palavras como "veja", "note", "visível". Com pessoas auditivas, palavras relacionadas a sons, como "ouça", "escute", "música para meus ouvidos". Com pessoas cinestésicas, expressões sensoriais, como "sinta", "perceba", "é quente".

As linguagens da comunicação

A comunicação eficaz emprega três tipos de linguagem:

◈ Linguagem verbal: apenas 7% da comunicação humana ocorre em nível verbal. Representando tão pouco, é importante otimizar o uso das palavras na comunicação. Utilize palavras que envolvam todos os sistemas representacionais visual, auditivo e cinestésico. Prefira palavras concretas, que apelem aos sentimentos, e não termos abstratos e puramente racionais. Por exemplo, em vez de dizer que uma pessoa é pobre, diga que mora em uma casa simples e trabalha como empregada doméstica. Utilizar palavras simples em vez de palavras técnicas, a menos que tenha certeza de que o público entenderá. Por fim, empregue linguagem verbal positiva, pois o cérebro não tem a experiência do negativo, do "não".

- Linguagem sonora: a voz corresponde a 38% da comunicação. Evite a monotonia, alterando o tom de voz entre altos e baixos. Altere o ritmo entre rápido e devagar. As pausas são essenciais e devem ser usadas para enfatizar aspectos importantes. Outra técnica da comunicação eficaz é enfatizar palavras ou frases inteiras.

- Linguagem corporal: 55% da comunicação está na forma como o comunicador se comporta, nos gestos e posturas. É expressamente proibida uma postura cansada e desinteressada, pois isso é imediatamente transmitido. Mantenha os ombros erguidos e o rosto direcionado ao interlocutor, faça gestos amplos, evite cruzar os braços ou as mãos.

O começo do discurso

Os primeiros minutos são cruciais. Evite entrar direto no assunto ou usar chavões, como "o assunto de hoje é…". Experimente uma abertura divertida, lúdica, impactante, surpreendente ou inspiradora. As mais recomendadas são:

- Humor: cuidado com piadas embaraçosas, confusas ou sem graça. O melhor humor surge espontaneamente, nas circunstâncias do discurso.
- Relato pessoal: excelente se relacionado ao assunto.
- Indagação estimulante: lança um gancho para o ouvinte.
- Citação inteligente: uma frase pertinente ao discurso, para a seguir desenvolver a ideia.
- Fatos ou estatísticas: dados que causem forte impacto.
- Narração: abrir com uma história, passar à apresentação e deixar o final da história para a conclusão.

Preparação

A preparação começa pela delimitação do assunto, considerando que uma boa apresentação não deve ultrapassar uma hora. A seguir vem a pesquisa, selecionando o material a ser utilizado e as informações mais importantes. A próxima etapa é a construção do roteiro: introdução, expondo o assunto de forma interessante; desenvolvimento, com argumentos a favor e contra e respostas a possíveis objeções; e conclusão, com um chamamento à ação. É importante selecionar as anedotas e histórias que serão contadas.

Caso o público seja hostil, procure encontrar pontos de convergência. Seja um bom ouvinte, respeitando os sentimentos, valores e crenças dos outros.

Data show

Recursos de *data show* devem ser usados apenas para ilustrar pontos interessantes ou fundamentais. O psicólogo Richard Mayer, estudioso das apresentações multimídia, chegou às seguintes conclusões:

- 💎 Aprendemos melhor com palavras e imagens do que só com palavras;
- 💎 Aprendemos melhor quando as palavras e imagens se apresentam simultânea e não sucessivamente;
- 💎 Aprendemos melhor quando as palavras e as imagens estão espacialmente próximas entre si;
- 💎 Aprendemos melhor quando o material que não tem a ver com o conteúdo é extraído da apresentação;
- 💎 Aprendemos mais com animação e narração do que com animação e texto.

Falar de improviso

Embora não recomendável, falar de improviso é fácil quando se consegue organizar o pensamento rapidamente. Para isso criei um método que chamei de **MODELO**:

- 💎 A primeira coisa é mostrar (**MO**) o fato ou situação, que pode ser uma pessoa homenageada, uma ideia, uma manchete ou até mesmo o momento do discurso. Por

- exemplo: "Esse é um momento muito especial, em que inauguramos esse espaço cultural dedicado aos jovens".
- O segundo passo é descrever (**D**) cada aspecto do assunto ou objeto, atribuindo a devida importância. Por exemplo: "Essa sala reúne todas as condições necessárias ao aprendizado e foi planejada para receber mais de cem pessoas, o que é um marco em nossa instituição".
- Por fim, elogiar (**ELO**) o objeto do discurso, enfatizando sua importância e benefícios. Pode-se recapitular brevemente aspectos anteriores. Por exemplo: "Temos uma iniciativa digna de aplauso, um espaço cultural em excelentes condições, destinado a uma causa nobre. Só me resta elogiar essa importante iniciativa e principalmente as pessoas que a tornaram possível".

Reuniões

Antes de marcar uma reunião, certifique-se de que o assunto não pode ser resolvido com um telefonema ou conversa. Os objetivos da reunião devem estar bem claros. Se houver mais de um assunto, a pauta deverá ser previamente encaminhada aos participantes, para que possam se preparar. Proporcione todas as informações necessárias à tomada das decisões.

Devem ser convidadas apenas as pessoas-chave. Peça às que não puderem comparecer que mandem um substituto com autoridade para decidir.

Uma reunião deve ter horário de começo e fim. O espaço deve ser reservado. Certifique-se de que o local é adequado em tamanho e recursos (papel, caneta, *data show* etc.).

Comece no horário, podendo estabelecer uma tolerância de no máximo dez minutos. Ao iniciar, relembre os objetivos da reunião e o horário de término. Se houver pessoas desconhecidas, apresente-se e peça aos demais que se apresentem. Dê tempo a todos para que manifestem suas opiniões, solicitando objetividade. Faça perguntas aos mais tímidos. Não permita que se fuja do assunto. Procure obter consenso. Se não houver consenso, proponha uma votação.

Caso surja alguma discussão, atue como mediador e proponha uma pausa ou café. Por fim, tome nota das reuniões.

Comunicação ao telefone

Da próxima vez que falar ao telefone, faça o seguinte:

- Estabeleça o objetivo da ligação.
- Planeje a conversa.
- Sorria durante a conversa (isso é percebido ao telefone).
- Seja educado.
- Saiba quando usar o humor.
- Seja sucinto e direto.
- Seja sincero e simpático.
- Utilize perguntas para controlar a conversa.
- Retorne as ligações em menos de 24 horas.
- Deixe mensagens claras.
- Dê motivos explícitos para o retorno das chamadas.
- Escute mais do que fale.
- Não fale alto demais.
- Mantenha o fone a 2,5 centímetros da boca.

- ♦ Varie o ritmo da fala e a modulação da voz.
- ♦ Termine a conversa em tom positivo.

Defeitos de linguagem

A palavra "não" existe apenas na linguagem, não na experiência. Por exemplo, "não pense nas estrelas" traz à mente a imagem do céu estrelado. Portanto, procure usar frases positivas. Diga o que quer, e não o que não quer.

"Mas" nega o que vem antes. "Helena é bonita, mas...".

"Tentar" pressupõe a possibilidade de fracasso.

"Não posso" ou "não consigo" expressam incapacidade.

Substitua o pretérito pelo presente. Em vez de "gostaria de agradecer", diga "agradeço".

Substitua "se", que é condicional, por "quando", que é otimista. Por exemplo, em vez de "se você aprovar", diga "quando você aprovar". Pela mesma razão, substitua "espero que" por "sei que". Por exemplo, em vez de "espero que vocês gostem", diga "sei que vocês irão gostar".

SEGREDO N° 6

LEITURA DA MENTE

Somos naturalmente capazes de identificar padrões emocionais e sensações simples, como raiva, alegria, dor. Com alguma observação da linguagem corporal, podemos identificar emoções e pensamentos sem que nosso interlocutor precise dizer uma única palavra. Os sinais sutis da linguagem corporal costumam passar despercebidos, mas são a expressão inconsciente de pensamentos. Todavia, esses sinais não devem ser lidos isoladamente, mas em conjunto e considerando-se as circunstâncias. Por exemplo, cruzar os braços é um gesto de proteção e distanciamento, mas pode significar apenas que a pessoa está com frio.

Sinais essenciais

- Corpo curvado: baixa autoestima, falta de autoconfiança.
- Punhos cerrados: agressividade ou posição de defesa.
- Braços cruzados: desconforto, autoproteção.
- Arrastar os pés: letargia, cansaço ou displicência.
- Bater os pés: impaciência ou nervosismo.
- Ombros caídos: letargia ou tédio.
- Esfregar as mãos nas roupas: nervosismo ou desinteresse.
- Mãos atrás da cabeça: arrogância ou sentimento de superioridade.
- Mãos nos quadris: provocação ou desafio.
- Mãos inquietas com objetos: nervosismo, culpa.
- Mãos na mesa: concordância, aceitação.
- Cabeça baixa: timidez.
- Cabeça apoiada na mão: tédio, desinteresse; se em "L", com o queixo sobre o polegar e outros dedos na face, é o contrário, significa interesse e atenção.

- Reclinar-se para trás: desinteresse ou desconforto, distanciamento.
- Inclinar-se à frente: interesse e conforto.
- Olhar o relógio: tédio, desinteresse.
- Massagear as têmporas: ansiedade.
- Concordância com a cabeça: interesse e compreensão ou apenas desejo de agradar, o que demonstra insegurança.
- Balançar as pernas: inquietação e estresse.
- Falta de contato visual: nervosismo ou culpa.
- Coçar a cabeça: indecisão.
- Inclinar a cabeça para o lado: atenção e interesse.
- Espelho: acompanhar e reproduzir as posturas e gestos da outra pessoa demonstra interesse.
- Balançar o corpo para a frente e para trás: uma forma de aliviar a ansiedade.
- Movimentação constante: inquietude, agitação, desconforto e até mesmo irritação.

- ◈ Braços às costas: segurança.
- ◈ Mãos apertadas: tensão, necessidade de apoio.
- ◈ Mãos em triângulo: dedos unidos em triângulo diante do corpo indicam que a pessoa está segura no que diz.
- ◈ Mãos no bolso: podem indicar insegurança.
- ◈ Polegares no bolso e demais dedos apontando para os genitais: atitude erotizada.
- ◈ Mão ou objeto na boca: busca de conforto, como o seio materno.
- ◈ Pernas cruzadas com um joelho sobre o outro: autoconfiança.
- ◈ Perna sobre o joelho: defesa.
- ◈ Uma perna sobre a outra: informalidade e descontração.
- ◈ Pernas cruzadas e estendidas: necessidade de dominação.
- ◈ Pernas unidas: autoconfiança e abertura para o outro.
- ◈ Pernas afastadas: segurança e sinceridade.
- ◈ Pernas voltadas para trás: se a pessoa está sentada e

inclinada à frente, mantendo as pernas voltadas para trás, normalmente está pouco à vontade e quer sair de onde está.

- Pés enroscados: enroscar um pé na perna oposta é sinal de tensão e inquietação.
- Extremidades apoiadas: quando o calcanhar, a ponta ou a lateral do pé está apoiada, significa que a pessoa não está à vontade e dificilmente será sincera.
- Sola inteira no chão: a pessoa é honesta e equilibrada, confiável.
- Tornozelos travados: colocar um tornozelo sobre o outro é típico de quem está tenso ou tem algo a esconder.

Aperto de mão

- Firme e calmo: segurança, abertura, personalidade marcante.
- Fraco: medo, fragilidade e falta de confiança.
- Forte: necessidade de dominar o outro.

- Muito forte: agressividade.
- Palmas para baixo: dominação.

Modo de falar

- Falastrão: faz comentários desagradáveis e acha graça. Na maioria das vezes não prejudica, mas aborrece.
- Brigão: gosta de discutir e sempre quer ter razão.
- Fofoqueiro: vive falando dos outros. É encrenca certa.
- Narcisista: fala de si e tenta ser o centro das atenções. Não presta atenção no que o outro diz.
- Invasivo: faz perguntas indiscretas sobre a vida pessoal do interlocutor e evita falar de si.
- Provocador: atiça e faz interpretações maliciosas do que o interlocutor diz.
- Dissimulado: faz rodeios, enrola em vez de ir ao ponto.
- Esperto: gaba-se de levar a melhor ou até mesmo de enganar outras pessoas.
- Confidente: conta quase tudo no primeiro encontro,

incluindo detalhes íntimos; inofensivo, a menos que faça isso para obter a confiança e segredos alheios.

- 💎 Irônico: fala agressiva, zombeteira ou sarcástica, usando meias palavras e expressões de duplo sentido.
- 💎 Vítima: reclama, põe a culpa nos outros, sem enxergar os próprios erros ou assumir responsabilidade.
- 💎 Debatedor: gosta de assuntos polêmicos ou irritantes e sempre vê o lado ruim de tudo.
- 💎 Falar alto: desejo de chamar a atenção; imaturidade, insegurança ou raiva e ressentimento guardados.
- 💎 Falar muito alto: indivíduo controlador e autoritário, com nervos à flor da pele; provocador.
- 💎 Fala muito aguda: nervosismo, agitação, imaturidade e comportamento impulsivo.
- 💎 Fala muito baixa: se forçada, insegurança e dissimulação.
- 💎 Fala muito mansa: tristeza, raiva escondida; a pessoa pode se achar desinteressante, pouco importante ou impotente.

- 💎 Fala controlada: tom de voz para não parecer arrogante ou pretensioso, o que o indivíduo quase sempre é.
- 💎 Fala trêmula: instabilidade emocional, medo, nervosismo; geralmente a pessoa precisa da aprovação dos outros para se sentir bem.
- 💎 Fala infantil: imaturidade e necessidade de proteção.
- 💎 Fala sensual ou melosa: quando forçada, indica vontade de seduzir ou manipular.
- 💎 Fala arrogante: desejo de estar acima dos demais.
- 💎 Fala monótona: desinteresse pela vida e distância dos próprios sentimentos.
- 💎 Fala chorona: insatisfação e busca de atenção.

Espaços e movimentos

- 💎 Inclinação: inclinação lateral indica amizade sincera; inclinação frontal é sinal de grande interesse; inclinação para trás indica mínimo ou nenhum interesse.
- 💎 Proximidade: quando uma pessoa está próxima de outra

significa que está interessada; a ocupação forçada do espaço pode indicar desejo de dominar o outro.

💎 Distância: sinal de desinteresse.

Olhos

Se a pessoa olha para cima, o canal de comunicação é visual, ela está pensando por meio de imagens. Se olha para o lado, o canal é auditivo, e ela tem algum som em mente. Se olha para baixo, o canal é cinestésico, e o cérebro está processando algum tipo de sensação tátil, olfativa ou gustativa. Se olha para a direita, está construindo uma informação; se olha para a esquerda, está recordando de algo.

Com essas informações, podemos identificar aspectos do pensamento. Por exemplo, se a pessoa olha para baixo, à esquerda, está pensando em um momento agradável ou desagradável. Se olha para cima, à direita, está construindo uma imagem, o que ela está dizendo não é uma recordação, e sim uma construção. Portanto, pode estar mentindo.

VC = Visual criado

VR = Visual recordado

AC = Auditivo criado

AR = Auditivo recordado

A = Auditivo com diálogo interno

C = Cinestésico

Outros sinais oculares:

◈ Alegria: olhar radiante e pálpebras relaxadas.

◈ Dúvida: olhos estreitados, uma sobrancelha levantada e testa franzida.

◈ Medo: olhos arregalados e sobrancelhas erguidas.

- Irritação ou raiva: olhos estreitados e fixos. Sobrancelhas unidas e testa franzida.
- Nervosismo: piscar constante, olhos de um lado para outro sem se fixar no interlocutor.
- Segurança: olhar tranquilo e simpático, que se fixa no interlocutor de maneira suave e natural.
- Susto ou surpresa: olhos arregalados, sobrancelhas erguidas.
- Timidez: olhar enviesado, que evita direcionar-se diretamente para os olhos do interlocutor.
- Interesse: pupilas dilatadas, olhos expressivos, enquanto as sobrancelhas se erguem por um momento.
- Vergonha: olhar para baixo, sem levantar a vista nem mesmo quando dirigem a palavra.

Detectar mentiras

Para detectar mentiras, aguce sua observação e procure captar alguns dos sinais descritos a seguir:

- ◆ Pistas oculares: olhar para cima, à direita. Desviar o olhar, olhar para baixo, mesmo que rapidamente. Piscar com grande frequência. O mentiroso também pode manter o olhar fixo de forma estudada e controlada.
- ◆ Lábios: uma contração da área abaixo do nariz após uma declaração indica alta probabilidade de mentira.
- ◆ Toques: tocar no rosto, cobrir a boca, roçar a orelha, o nariz ou o pescoço são sinais muito comuns de mentira.
- ◆ Respiração e tom de pele: podem se intensificar.
- ◆ Cruzar os braços ou pernas: busca de conforto e proteção, o que pode indicar uma mentira.
- ◆ Generalizações: ao mentir, a pessoa não consegue retratar detalhes.

Uma excelente técnica para detectar mentiras é mudar a direção da conversa de súbito. Um mentiroso irá relaxar e acompanhar a mudança de assunto, enquanto uma pessoa que fala a verdade ficará confusa com a súbita mudança e tenderá a voltar ao assunto anterior.

SEGREDO N° 7

O PODER DA HIPNOSE

Uma das definições de hipnose que mais aprecio é que se trata de uma forma de ultrapassar o fator crítico da mente para que esta possa aceitar facilmente as ideias que lhe são sugeridas. Quando hipnotizada, a pessoa está em um estado alterado de consciência chamado de transe. Há muitos tipos de transe, e uma pessoa entra em transe espontaneamente várias vezes ao dia; por exemplo, quando divaga, quando dirige o carro sem pensar no trajeto, quando assiste a um programa de TV e esquece o mundo à sua volta.

No transe há uma redução da frequência cerebral. As ondas cerebrais têm as seguintes frequências e características:

- 💠 Beta (14Hz) – estado de vigília, desperto, excitado.
- 💠 Alfa (8–13Hz) – transe leve, estado desperto e relaxado.
- 💠 Teta (4–7 Hz) – transe médio ou profundo, sono leve, letargia.
- 💠 Delta (0,5–3Hz) – sono profundo, inconsciente.

Formas de hipnose

- 💠 Hipnose espontânea: alteração de consciência natural em determinadas situações, como assistir a um filme.
- 💠 Hipnose induzida: alteração de consciência mediante técnicas de indução. Há dois tipos de indução: clássica, em que o paciente recebe instruções específicas para entrar em transe; e indução naturalista ou ericksoniana, baseada na experiência de Milton Erickson para induzir o transe de acordo com as peculiaridades de cada paciente, aproveitando sua condição situacional.
- 💠 Hipnose clínica: utilizada para fins terapêuticos.
- 💠 Hipnose de palco: utilizada para entretenimento.

- 💎 Hipnose conversacional: utilizada na linguagem cotidiana, sem que haja uma indução formal. É também conhecida como "hipnose encoberta".
- 💎 Auto-hipnose: é a verdadeira hipnose, em que o sujeito se coloca em transe, podendo acontecer de forma natural ou induzida por técnicas de auto-hipnose.

Auto-hipnose

Como a hipnose é um estado natural da mente, qualquer pessoa pode colocar-se em transe e obter benefícios para sua vida. Émile Coué foi um famoso psicólogo e farmacêutico francês que introduziu um método de cura baseado na auto-hipnose. Ele propôs um interessante exercício para se fazer diariamente ao acordar: a pessoa deveria se posicionar diante do espelho, olhando fixamente na imagem dos próprios olhos, dizendo para si mesma: "Todos os dias, sob todos os aspectos, estou cada vez melhor".

É muito simples praticar a auto-hipnose. Sente-se em um lugar confortável. Respire profundamente, retendo o ar por cinco segundos e soltando em seguida. Repita cinco vezes essa respiração. Faça mentalmente uma contagem regressiva de 100 a 1. Logo você estará em um agradável estado de dormência. É o transe. Nesse estado, imagine coisas positivas, coisas que você deseja. Fale consigo mesmo coisas do tipo: "Eu vou passar na prova, pois tenho confiança e conhecimento".

Introduza uma sugestão pós-hipnótica do tipo: "Quando eu despertar, vou me sentir disposto e feliz". Procure também introduzir um signo-sinal, como: "Sempre que eu fizer esse gesto, vou entrar imediata e automaticamente nesse estado de bem-estar, com minha mente ativa e capaz". Signo-sinal é uma palavra ou gesto que faz retornar a uma sugestão, mesmo após a sessão de hipnose.

Para despertar, faça o seguinte: "Vou contar de 1 a 5 enquanto desperto lentamente. Quando contar 5, vou despertar, sentindo-me disposto, capaz e feliz: 1, começo a despertar, 2, mais desperto, 3, mais desperto, 4, estou prestes a despertar sentindo-me disposto, capaz e feliz, 5".

Comunicação hipnótica em 3 etapas

A comunicação hipnótica consiste na utilização de estratégias e padrões ericksonianos de linguagem para criar estados mentais receptivos e influenciar o interlocutor em conversas cotidianas. Por isso, também é chamada de hipnose conversacional.

Primeira etapa: conexão

Consiste em obter a confiança do interlocutor para reduzir os filtros da mente consciente. A forma mais simples de criar conexão é por meio de perguntas triviais: "Onde você trabalha?", "onde mora?", "o que gosta de fazer?". Esse processo será mais efetivo se as perguntas estiverem associadas ao espelhamento, à adoção de posturas, gestos e padrões de fala semelhantes aos da pessoa que se quer hipnotizar.

Segunda etapa: indução

A hipnose conversacional ocorre durante um transe leve, do tipo que a pessoa tem quando lê um livro ou faz um trajeto que conhece bem, no qual nem sequer precisa prestar atenção. A forma mais simples de gerar esse estado mental é modificar o foco de atenção do sujeito de fora para dentro, gerando diálogo interior com os seguintes recursos:

- Palavras introspectivas: "pense", "imagine", "lembre", "sinta". Exemplo: "Imagine como seria bom estar em uma praia agora, apenas relaxando".
- Perguntas: fazem o interlocutor procurar respostas. Exemplo: "O que você pensa da crise atual?".
- Linguagem metafórica: contar histórias, reais ou não, fazem o interlocutor pensar sobre elas. Exemplo: "Isso me lembra aquela raposa que vivia dizendo que as uvas estavam verdes apenas por não poder alcançá-las".
- Linguagem vaga, confusa ou ambígua: a imprecisão gera diálogo interior, enquanto o cérebro tenta organizar a informação recebida. Exemplo: "Quando a gente vai comprar um carro encontra tantas marcas diferentes, modelos, potência, preços".

Terceira etapa: sugestão

A sugestão ocorre por meio de comandos disfarçados.

- 💎 Pressuposição + comando: a fórmula básica para disfarçar comandos é inseri-los em frases formadas a partir de verdades incontestáveis. Exemplos: "Com toda essa crise (pressuposição), será bom fecharmos esse negócio logo (comando)", "com esse calor (pressuposição), seria bom irmos para algum lugar mais agradável (comando)", "você está estudando bastante (pressuposição). Obviamente, vai passar na prova (comando)".

- 💎 Substantivos e verbos inespecíficos: "Todos sabem o quanto você é inteligente". (Quem exatamente sabe?)

- 💎 Ocupação da mente consciente: "Pode ir à palestra? Apenas tome seu banho, coloque sua roupa, desça as escadas, tome o metrô linha 14 e desça na estação do Banco Central, atravessando a rua até o Centro de Eventos". (Seja específico ao extremo, dando instruções passo a passo, o que deixará a pessoa tão ocupada que simplesmente seguirá as instruções.)

- Uso de conexão linguística: "Enquanto você lê esse livro, perceba o quanto seu aprendizado aumenta", "quanto mais você resiste à tentação de comer, mais se sente magro e elegante", "quanto mais você... mais você...". (Se a primeira parte da declaração é verdadeira, a segunda parte é aceita como verdade também.)

- Uso de negações: "Você não deveria gostar tanto disso". (O cérebro recebe a negação como um comando positivo, pois não reconhece a experiência negativa.)

- Uso de histórias e metáforas: a linguagem metafórica serve tanto para a indução quanto para a sugestão. "Era uma vez um jovem que nunca tomava decisões sem ouvir a opinião de alguém mais experiente."

SEGREDO N° 8

A MENTE SEDUTORA

A sedução é uma habilidade natural da mente que pode ser estudada e aprimorada. Há um segredo mágico para seduzir: satisfazer necessidades. As pessoas se interessam pelo que satisfaz suas necessidades, sejam elas materiais, emocionais, sejam sexuais. A sedução só funciona se o outro enxergar você como um objeto de satisfação. Portanto, aja como tal. Seduza tornando-se o objeto de desejo.

Contudo, cada pessoa é única, com particularidades e preferências. Os estudos comportamentais nos oferecem um padrão geral que, compreendido e utilizado, pode aprimorar nossas habilidades para seduzir.

As leis da sedução

- Lei da atração: os seres humanos são gregários; portanto, mesmo que não haja interesse sexual, haverá interesse em amizade e companhia.

- Lei da satisfação: os seres humanos estabelecem trocas para a satisfação de suas necessidades materiais, sociais e afetivas. Portanto, um indivíduo será seduzido por alguém capaz de satisfazer suas necessidades mais prementes em dado momento.

- Lei da segurança: os seres humanos buscam prazer e fogem da dor; portanto, serão seduzidos por quem proporcionar mais prazer, segurança e conforto e mais distanciamento da dor.

- Lei da identidade: os seres humanos são atraídos por aqueles com quem se identificam. Assim, pela lei da segurança, uma pessoa será atraída por quem dirige uma Ferrari; pela lei da identidade, será atraída por alguém que esteja com ela na estação de metrô.

A fórmula da sedução (ISCA)

Minha fórmula para seduzir é baseada em três atitudes: Interesse, Segurança e Captura – Isca.

O primeiro passo da sedução é captar a atenção e gerar Interesse. A primeira impressão é a que fica. Assim, quanto melhor e mais forte a primeira impressão, maior o potencial de sedução. Despertar interesse envolve aparência e atitude.

Para seduzir não é preciso ser bonito, basta ser interessante. A aparência deve indicar saúde e higiene, pois nosso cérebro primitivo é atraído por essas características.

No quesito atitude, comece pela postura; uma postura ereta transmite segurança. Tenha atitudes de líder. Não veja o líder apenas como um tipo "alfa". O líder é aquele que ajuda e dá soluções. Que busca um lugar para o amigo sentar quando o ambiente está cheio, por exemplo.

Desperte curiosidade. Você pode fazer isso com um bilhete, um olhar, um presente inesperado ou uma simples frase, tipo: "Viu o que disseram sobre mulheres que trabalham e estudam?".

Por fim, a regra de ouro: demonstre interesse pelo outro. As pessoas não estão interessadas em você, estão interessadas nelas mesmas. O interesse deve ser sincero.

A próxima etapa da sedução é a Segurança. Nosso cérebro é programado para detectar ameaças e disparar o sinal de alerta para lutar ou fugir. Há uma fórmula simples e infalível para afastar o medo e a insegurança na outra pessoa: sorria! O sorriso comunica amistosidade, é o mensageiro das boas intenções.

Outra maneira de gerar conforto é a técnica do espelhamento. As pessoas são atraídas por quem consideram semelhantes. Espelhar é imitar as posturas da outra pessoa, o que emite mensagens subliminares de amizade e confiança. Mas cuidado para não ser ostensivo demais e cair no ridículo.

Seja gentil. Fique atento à linguagem corporal, evitando gestos agressivos (apontar o dedo ou sinalizar os genitais por exemplo) ou defensivos (como braços cruzados).

Chega então o momento da Captura, de criar conexão, de conquistar de fato. A partir daí, o objetivo da sedução, seja um romance, seja um decisão, seja uma venda, é questão de tempo. Você pode cativar oferecendo ajuda. Ou vá além: ajude. Elogie. A diferença entre elogio e bajulação está na sinceridade. Nessa fase, é importante não deixar a sedução se perder. A captura envolve uma escalada progressiva.

Conversas e encontros

A regra número um em uma conversa é: tenha bom hálito. Poucas coisas são tão desestimulantes em uma conversa quanto o famoso e ameaçador bafo de onça.

A parte mais difícil é sem dúvida a abordagem. A primeira coisa é vencer o medo. Você precisa se aproximar. Em uma ocasião formal, como um encontro de negócios, basta um "bom dia", "boa tarde", "obrigado por me receber".

Na sedução amorosa, a abordagem é mais assustadora, pois entram em jogo sentimentos e reações conscientes e inconscientes ligadas ao medo da rejeição. Para diminuir a ansiedade, não se preocupe em seduzir. Apenas converse, sem a pretensão de ser aceito.

Erik Von Markovik, autor de *The Mystery Method: How to Get Beautiful Women into Bed* (O método Mystery: como levar mulheres bonitas para a cama), propõe a técnica dos três segundos. Ao avistar uma pessoa que desperta seu interesse, vá até ela imediatamente e a aborde sem pensar em nada. Assim você não dá tempo ao cérebro de criar ansiedade.

O começo da conversa não pode ser indicador de sedução direta, para evitar o instinto de lutar ou fugir. Em uma festa, pode ser algo como: "Não conheço essa cerveja que você pediu, parece boa". Se houver receptividade, comece a falar sobre cervejas. Simples. Basta deixar a conversa fluir.

Se vocês estiverem no mesmo evento ou ambiente, tente descobrir o nome da pessoa. Quando ela se aproximar, sorria. Se possível, cumprimente os amigos dela. Às vezes isso é suficiente para ser percebido. Caso a pessoa não pareça ter notado você, diga "oi" de forma amigável. Se ela for tímida, poderá apenas sorrir de volta.

Se a abordagem for exitosa, vá adiante. Do contrário, olhe em volta: o mundo não acabou, e você continua vivo.

No desenrolar da conversa, a regra básica é ser um bom ouvinte. Para ser interessante, seja interessado. Incentive o outro a falar sobre si e seus assuntos prediletos. Não interrompa. Faça perguntas.

Consiga um "sim" imediatamente e mantenha a pessoa dizendo "sim". Ajude com mensagens subliminares: acene "sim" com a cabeça, faça o sinal de positivo (mão fechada com o polegar para cima). O sedutor deve obter logo uma série de respostas afirmativas, orientando o processo psicológico para o "sim" que ao final deseja. Quando uma pessoa diz "não", orienta sua fisiologia e mente nessa direção.

Aprenda a divertir. Sorria e faça sorrir. O riso libera endorfinas e proporciona sensações de prazer. Contar piadas ou histórias engraçadas é uma forma clássica de fazer rir, mas não é a única. As risadas virão caso as pessoas estejam relaxadas e apreciando a companhia uma da outra.

Não envergonhe a outra pessoa. Pelo contrário, faça-a sentir-se importante. Elogios devem ser sinceros, respeitosos e sutis. Você pode elogiar algo físico, como o cabelo, os olhos, o sorriso, ou um traço de personalidade, como a inteligência, o senso de humor. Também vale elogiar a roupa, a elegância, o estilo, o perfume e assim por diante.

Se você deseja que o relacionamento avance, saia da zona da amizade. Intensifique a intimidade com olhares e insinuações, criando alguma tensão sexual. Comece a tornar suas intenções mais evidentes. Flerte um pouco. Eventualmente, sussurre; dessa forma, você quebra a barreira física. Aproxime-se o suficiente para a outra pessoa sentir sua respiração no ouvido. Durante a conversa, procure realizar toques que possam intensificar-se aos poucos, culminando com um abraço, um beijo ou ambos.

Seja pontual, mas não se aborreça com atrasos. Não desanime se a pessoa recusar um convite; às vezes a sensação de segurança pode demorar um pouco a aparecer, visto que depende da personalidade e das experiências de cada um.

O líder sedutor

O líder sedutor obtém comprometimento por satisfação e

não por obrigação. O líder sedutor encanta e motiva pessoas e equipes.

Todos os princípios da sedução aplicam-se à liderança. Para ser um líder sedutor, adote as seguintes atitudes:

- Seja sincero.
- Não prometa nada que não possa cumprir.
- Esqueça-se dos benefícios a seu favor e concentre-se nos benefícios dos demais.
- Saiba exatamente o que deseja que a outra pessoa faça.
- Seja simpático.
- Reflita sobre os benefícios que a outra pessoa receberá fazendo o que você sugere. Faça com que os benefícios vão ao encontro dos desejos da outra pessoa.
- Quando der uma ordem, formule-a de modo que a outra pessoa a entenda como benéfica para ela.
- Peça ajuda. Todos gostam de ajudar.
- Elogie, reconheça e valorize.

- Não critique.
- Não julgue.
- Não se queixe.
- Não envergonhe e não humilhe a outra pessoa.
- Quando for corrigir uma atitude, enalteça a pessoa.
- Demonstre gratidão.

Sedução em vendas

Os cinco princípios da sedução em vendas são:

- Atenda às necessidades conscientes e inconscientes do cliente.
- Obtenha vários "sim".
- Faça o cliente pensar que ele está comprando, e não que você está vendendo.
- Dramatize suas ideias, transmitindo emoção.
- Chame o cliente pelo nome.

SEGREDO N° 9

SUPERAPRENDIZAGEM

"Aprender" significa estudar, familiarizar-se; "apreender" significa apoderar-se definitivamente do conhecimento. Este segredo é sobre aumentar a capacidade de apreender.

Níveis de aprendizagem

No primeiro nível de aprendizagem, nem sequer sabemos que não sabemos; é o estágio de ignorância inconsciente. Quando nos damos conta de nossa ignorância, quando sabemos que não sabemos, entramos no nível de ignorância consciente. Quando estudamos e aprendemos, quando sabemos que sabemos, chegamos ao estágio de conhecimento consciente.

A aprendizagem se completa quando incorporamos definitivamente o novo conhecimento e nos tornamos capazes de aplicar sem pensar, como no ato de dirigir um veículo, por exemplo. É a fase da excelência, em que atingimos o nível de conhecimento inconsciente.

Relaxamento

Estudos científicos comprovam que a mente funciona melhor quando está relaxada. Por um lado, o relaxamento estimula o processo criativo, e, por outro, reduz o nível de estresse, que é um obstáculo à aprendizagem.

Relaxamento não pressupõe necessariamente estar em silêncio com olhos fechados. Caminhar, fazer exercício, ler um poema, escutar música, meditar, rezar ou mesmo tomar um banho podem ser relaxantes.

O cérebro em intensa atividade mental funciona com ondas beta. As ondas alfa, que se produzem quando estamos relaxados, criam um ambiente mental mais propício à aprendizagem. Para atingir as ondas alfa, basta ficar em silêncio em um ambiente tranquilo, com uma atitude passiva e posição confortável. Se for difícil relaxar de repente, feche os olhos e imagine que suas mãos, braços e pernas estão pesados e quentes. O relaxamento ocorrerá em instantes. A música clássica é um indutor eficaz de ondas alfa. Experimente fechar os olhos e respirar profundamente, ouvindo uma sonata de Bach.

Concentração

Procure estudar sempre no mesmo horário, estabelecendo uma rotina. Evite distrações, desligue o celular e peça para não ser interrompido.

O cérebro só consegue prestar a atenção em uma coisa de cada vez. É um mito muito difundido que certas pessoas, especialmente as mulheres, são multitarefas. É possível, claro, fazer várias coisas ao mesmo tempo, como caminhar, conversar e escutar música, mas é impossível prestar atenção em mais de uma coisa. Alguma delas sofrerá prejuízo. O exemplo clássico é falar ao celular na direção de veículo.

Cansaço, falta de sono e estresse são extremamente prejudiciais à concentração. Pessoas com rotina muito pesada devem tirar uma soneca de pelo menos uma hora antes do estudo e praticar técnicas de relaxamento. Estudar logo após as refeições reduz em muito a capacidade de concentração, sendo recomendável descansar um pouco. Também é recomendável fazer intervalos a cada 45 minutos de estudo.

Não se deve estudar na cama. Posições de descanso podem ser adotadas apenas para matérias que exijam menos raciocínio ou durante os intervalos.

Estudos comprovam que a melhor música para estudar é a erudita; contudo, a música também pode ser um fator de dispersão. Pessoas muito dispersivas podem estudar em voz alta, andando, lendo e gesticulando.

Etapas do aprendizado

- ♦ Planejamento – o programa de estudo deve considerar a extensão do tema e o tempo disponível, incluindo períodos para a revisão de conteúdo.

- Visão geral – comece com uma olhada por alto, para ter uma ideia do conteúdo.
- Captação – o passo seguinte é uma leitura detalhada, realizando anotações e mapas mentais, com o emprego de canais visuais, auditivos e cinestésicos (fala em voz alta, escrita, imagens etc.).
- Recuperação – reveja o que não foi bem compreendido, consultando novas fontes ou especialistas.
- Consolidação – apanhado minucioso, sem consultar as anotações; faça mapas mentais e resolva problemas.
- Revisão – para o conhecimento ser incorporado à memória de longo prazo, deve haver exposição reiterada à informação; por isso a revisão é fundamental.

Administração do tempo

Utilize períodos em filas, salas de espera, deslocamento em ônibus, intervalos no trabalho etc. Cinco minutos são suficientes para memorizar um conceito.

Monte um quadro de horários com todas as suas atividades, deixando os períodos vagos em branco. A seguir elabore um quadro de estudos contendo as horas vagas e as otimizadas, as matérias que serão estudadas em cada horário, prevendo ainda espaços para as revisões.

Leitura eficaz

É muito importante fazer duas leituras. A primeira é de familiarização, um passar de olhos sobre o índice e os capítulos; a segunda é de fixação dos aspectos mais relevantes.

Convém anotar os termos desconhecidos com auxílio de um dicionário e grifar as ideias centrais; pode-se fazer anotações explicativas no próprio material.

Em algumas situações, é possível utilizar técnicas de leitura dinâmica, que aumenta a concentração, economiza tempo e melhora a assimilação do conteúdo. As habilidades da leitura dinâmica podem ser resumidas da seguinte forma:

◈ Ausência de subvocalização: ler apenas com os olhos, sem pronunciar palavras e frases em voz baixa.

- ♦ Redução dos pontos de fixação: ler em blocos, em vez de palavra por palavra. Com a prática é possível ler apenas grupos de palavras e compreender o conteúdo.
- ♦ Redução da parada ocular: pode-se treinar os olhos para fluir pelo texto, sem parar em determinados trechos.

O treinamento em leitura dinâmica deve começar com 15 a 20 minutos por dia até tornar-se natural. Uma boa forma de treinar essa técnica é adotá-la na fase de familiarização.

Técnicas de estudo

A pedagogia e as ciências cognitivas ressaltam a importância das metodologias ativas no aprendizado. Essas técnicas e ferramentas colocam o estudante como produtor de conhecimento em vez de mero receptor passivo de informações.

Uma imagem vale por mil palavras, certo? Com base nesse fato e inspirado nos cadernos de Leonardo da Vinci, o investigador britânico Tony Buzan criou os mapas mentais, que ajudam a fixar ideias em vez de palavras. Utilize uma folha em branco, lápis de cor, canetas e marca-texto de várias cores. No centro da folha, coloque a ideia principal dentro de um círculo, preferencialmente de forma simbólica e o mais chamativa possível, sem se preocupar com a qualidade do desenho. Agregue conexões, como se fossem galhos, a essa ideia central, associando novas ideias, também vividamente representadas, até preencher a folha. Veja como essa disposição dá dinamismo e interliga as ideias. Ao acordar, passe os olhos pelo mapa mental elaborado no dia anterior.

Outra técnica é o uso de cartões de aprendizagem. De um lado escreva um conceito e do outro uma palavra-chave ligada ao conceito. Mantenha os cartões no bolso e, sempre que puder, revise-os ou simplesmente tome um cartão e leia o conceito, tentando associar à palavra-chave ou vice-versa.

Pesquise o tema de estudo na internet. Sempre que possível, estude o assunto antes da aula, construindo um alicerce para informações aprofundadas. Procure assimilar durante as aulas, deixando o mínimo possível para estudo posterior. Interaja e faça anotações, procurando absorver as informações com todos os sentidos disponíveis.

Grife e anote, personalizando o material e criando vínculo emocional com o conteúdo. As coisas carregadas de emoção são recordadas por muito mais tempo e em mais detalhe. Dê umas olhadas nos trechos grifados e anotações.

Programação mental

Programe seu cérebro para aprender das seguintes formas:

- Pratique auto-hipnose, afirmando: "Sinto profunda vontade de aprender. Meu cérebro está desperto, concentrado e com grande poder de assimilação".
- Crie uma âncora cinestésica relacionada à concentração e ao aprendizado para estudar e assistir a aulas e palestras.
- Use a mentalização. Imagine-se estudando e aprendendo.
- Pense positivamente sobre sua capacidade de apreender.

Modelagem

Modelar é tomar uma pessoa como modelo e adotar suas estratégias de sucesso. É uma forma de aprendizagem que elimina o processo de tentativa e erro; implica utilizar as mesmas crenças e fisiologia do modelo, inclusive seus padrões de comunicação.

Para uma modelagem bem-sucedida, é preciso prestar atenção aos mínimos detalhes de como realizar determinada ação, observando exaustivamente o modelo e registrando seus movimentos, gestos, expressões faciais, bem como suas crenças e ideias. Basicamente, a modelagem ocorre em três aspectos essenciais:

- Crença: incorporação das crenças;
- Fisiologia: incorporação dos gestos, expressões faciais, respiração, maneira de falar e posturas;
- Sintaxe: incorporação do padrão de linguagem do modelo.

Para que a modelagem funcione, é preciso abstrair as barreiras naturais que distinguem uma pessoa da outra. Deve-se imaginar que tudo é possível. Se houver um limite físico ou ambiental, o mundo da experiência irá sinalizar.

SEGREDO N° 10

SAÚDE MENTAL

Não há nada mais pernicioso para a mente do que o estresse. Uma das técnicas de controle do estresse é a meditação, que tem os seguintes benefícios já comprovados cientificamente:

- Melhora do desempenho das funções mentais.
- Fortalecimento do sistema imunológico.
- Maior equilíbrio emocional.
- Melhora do desempenho sexual.
- Redução da síndrome do intestino irritável.
- Regulação da pressão arterial.
- Efeito anti-inflamatório.

Existem várias técnicas de meditação. É possível sentir seus benefícios começando com os seguintes passos:

- Reserve o mesmo horário para meditar todos os dias.
- Comece com poucos minutos por dia (cinco ou dez).
- Procure um lugar silencioso e peça para não ser interrompido.
- Sente-se de modo confortável, com a coluna ereta.
- Concentre-se na respiração. Tente inspirar por uma narina e expirar pela outra, inverta e por fim inspire e expire pelas duas.

A meditação pode parecer difícil no começo, pois a mente está acostumada a divagar. Quando isso acontecer, limite-se a retomar o foco.

SEGREDO Nº 11

AÇÃO E REAÇÃO

Nossas conquistas são resultado do que fazemos e do que pensamos. Devemos levar em conta como nossas ações afetam os outros. De nada adianta atingir objetivos à custa da infelicidade alheia. E de nada adianta adquirir conhecimentos se não atingirmos nossos objetivos.

Ciclo do sucesso

Faça os milagres acontecerem ativando o ciclo do sucesso:

PENSAMENTO POSITIVO > AÇÃO POSITIVA >
RESULTADO POSITIVO > GRATIDÃO POSITIVA

Pensamento positivo é a atitude de otimismo perante a vida; é a criar na mente daquilo que desejamos que ocorra no plano material. É essencial ter um objetivo definido e pensar plasticamente sobre ele, imaginando que já se realizou.

Muitas vezes as pessoas agem sem a mínima noção do que estão fazendo ou se estão no caminho certo. Uma ação positiva significa planejamento, flexibilidade e ecologia. O planejamento estabelece o caminho e os passos a serem seguidos. Flexibilidade é a capacidade de contornar obstáculos em vez de enfrentá-los. Se o que você está fazendo não funciona, faça outra coisa. Você obterá os mesmos resultados se fizer o que sempre fez. Ecologia refere-se a respeitar o interesse das demais pessoas.

Resultado positivo é o produto de nossos pensamentos e ações. Gratidão positiva não é uma atitude religiosa ou mística, mas uma intenção sincera que pode ser uma celebração ou um simples pensamento. É a expressão de generosidade perante a vida e os outros por termos realizado nosso desejo.

Sucesso é meta

Transforme seu sonho ou necessidade em uma meta específica, mensurável, atraente, realista e com tempo determinado. A palavra em inglês para lembrar disso é **smart**:

- 💎 **S** (específica): evitar generalidades do tipo "quero melhorar a saúde". Estabeleça o critério de saúde: reeducação alimentar, exercícios, emagrecimento etc.
- 💎 **M** (mensurável): deve ser possível medir a meta ou observar evidências concretas. Em vez de dizer "quero emagrecer", diga "quero perder dez quilos".
- 💎 **A** (atraente): a meta deve ser algo bom para você.
- 💎 **R** (realista): a meta deve encaixar-se na sua realidade de vida e depender minimamente de fatores fora de seu controle. Ganhar na loteria não pode ser uma meta, mas abrir um negócio ou economizar um milhão pode.
- 💎 **T** (tempo): toda meta deve ter um prazo razoável. Você não pode querer perder dez quilos em trinta dias, mas pode estabelecer a meta de perder dois quilos por mês.

Após definir sua meta, responda às seguintes perguntas:

- O que posso fazer para atingir a meta?
- Quando vou realizar cada uma dessas ações?
- O que pode me impedir?
- O que vou fazer para eliminar o que pode me impedir?
- Quando vou realizar cada uma dessas ações?

Os 7 hábitos

Em *Os 7 hábitos das pessoas altamente eficazes*, Stephen Covey propõe o seguinte conjunto de comportamentos:

- Seja proativo: somos responsáveis por nossa vida, com quatro dons exclusivamente humanos: imaginação, consciência, vontade independente e autoconsciência.
- Comece com um objetivo em mente: é a criação mental, com base na imaginação e na consciência.
- Primeiro o mais importante: é a criação física, a transformação em realidade do objetivo criado na mente.

- 💎 Pense em vencer-vencer: o sucesso de um não precisa significar o fracasso de outro. Adote a mentalidade Ganha-Ganha em vez da mentalidade Ganha-Perde.
- 💎 Procure compreender primeiro e ser compreendido depois: sem empatia, não há influência.
- 💎 Sinergizar: o todo é maior que a soma das partes. As formas mais desenvolvidas da sinergia envolvem os quatro dons exclusivamente humanos, a motivação Ganha-Ganha e a comunicação empática.
- 💎 Afine o instrumento: preserve e melhore seu bem mais precioso – você mesmo –, renovando sua natureza física, espiritual, mental e social-emocional.

As ações de Benjamin Franklin

Benjamin Franklin foi considerado o primeiro empresário dos Estados Unidos. Aos 42 anos, já era rico o suficiente para se aposentar, dedicou-se a experimentos com a eletricidade e inventou o para-raios. Em sua *Autobiografia*, listou as treze qualidades que pretendia ter:

- ⬥ Temperança. Não coma até se fartar. Não beba até ficar bêbado.
- ⬥ Silêncio. Fale somente o que pode beneficiar os outros ou a si mesmo. Evite conversas triviais.
- ⬥ Ordem. Que todas as suas coisas tenham lugar certo. Que cada parte do seu negócio tenha o próprio tempo.
- ⬥ Resolução. Resolva o que deve fazer e execute sem falhas o que resolver.
- ⬥ Frugalidade. Gaste somente o que fará o bem aos outros ou a si mesmo, evite o desperdício.
- ⬥ Diligência. Não perca tempo. Esteja sempre empregado em algo útil. Exclua todas as ações desnecessárias.
- ⬥ Sinceridade. Não engane. Pense inocente e justamente; se falar, fale de acordo com esse preceito.
- ⬥ Justiça. Não fale mal dos outros por meio de injúrias ou pela omissão dos benefícios que configuram o seu dever.
- ⬥ Moderação. Evite os extremos. Ressinta-se por alguma injúria somente o quanto considerar que ela merece.

- 💠 Higiene. Não tolere nenhuma impureza no corpo, roupas ou habitação.
- 💠 Tranquilidade. Não se deixe perturbar com ninharias ou com acidentes comuns ou inevitáveis.
- 💠 Simplicidade. Seja raramente indulgente, com exceção da saúde dos filhos; nunca seja indulgente com a preguiça, fraqueza ou injúria à sua paz ou reputação, ou à de outra pessoa.
- 💠 Humildade. Imite Jesus e Sócrates.

Enfrentando problemas

Os antigos romanos tinham um ditado que dizia: *solvitas perambulum* (resolva os problemas caminhando). A vida não para quando os problemas surgem; temos que seguir em frente enquanto lidamos com eles.

O budismo ensina o seguinte: se um problema tem solução, não há por que se preocupar com ele; se não tem, não adianta se preocupar. Stephen Covey, no livro *Os 7 hábitos das pessoas altamente eficazes*, propõe um círculo de preocupação, onde colocamos todos os assuntos que nos preocupam: saúde, filhos, questões profissionais, dívidas, guerras etc. Aí percebemos que há situações sobre as quais nada podemos fazer, enquanto algumas podem ser modificadas. Devemos separar umas das outras e focar a energia nos assuntos do círculo de influência, que são aqueles que podemos modificar.

Solucionar problemas é uma habilidade natural da mente. Acredite na capacidade de sua mente, e ela naturalmente trabalhará nisso. Não se esqueça do poder da mente oculta, constantemente ligada. Antes de adormecer, dirija-se a ela com o seguinte pensamento: "Peço ajuda para solucionar...", especificando o problema.

Uma última dica: evite procurar culpados; isso é gasto inútil de energia. Mantenha o foco na solução do problema.

O poder da caridade

Caridade é uma atitude de constante envolvimento com o bem-estar das outras pessoas. Significa identificar as necessidades dos outros e ajudá-los. Você não precisa esperar que um mendigo peça ajuda ou que uma inundação deixe milhares de pessoas desabrigadas para praticar caridade. A caridade é uma qualidade que pode ser exercida a cada momento, com cada pessoa que encontramos. É acima de tudo um estado mental de amor e solidariedade.

A neurociência já comprovou que ajudar faz bem não só para quem recebe ajuda, mas principalmente para quem presta auxílio, graças à ativação do circuito dopaminérgico, relativo a comportamentos motivados por recompensa.

Gerar riqueza

Gerar riqueza é uma forma de ação positiva. Riqueza gerada com responsabilidade impulsiona a economia e cria recursos que irão ajudar outras pessoas.

Alguns indivíduos não se preocupam com as finanças por pensar que dinheiro não traz felicidade ou que nunca poderão ficar ricos com o que ganham. A primeira estratégia para gerar riqueza é mudar essa forma de pensar.

Nunca é tarde demais para construir um patrimônio. Isso requer adquirir algum conhecimento financeiro. É fundamental entender que, se uma pessoa gasta mais do que ganha, não está gerando riqueza.

Faça um orçamento para saber exatamente quanto você ganha e quanto gasta. Você precisa substituir passivos por ativos. Ativos colocam dinheiro no seu bolso, passivos retiram. Elimine dívidas de cartão de crédito e troque dívidas ruins por dívidas boas. Uma dívida boa é aquela usada para financiar ativos geradores de receita, como bens imobiliários ou um negócio.

Napoleon Hill escreveu, no clássico *O manuscrito original*, que a riqueza começa no pensamento. Não existem limitações para a mente, exceto as que nós reconhecemos. O método de Hill para transformar o desejo de riqueza em realidade baseia-se em seis passos:

- ◆ Fixe em sua mente a quantia exata que você deseja.
- ◆ Declare exatamente o que pretende dar em troca do dinheiro que deseja (nada vem de graça).

- Estabeleça uma data definida para ter a quantia desejada.
- Elabore um plano detalhado para a realização do seu desejo e comece imediatamente, quer se considere ou não em condições de colocá-lo em ação.
- Redija um documento especificando claramente a quantia que deseja, o prazo, o que pretende dar em troca e o plano a ser posto em prática.
- Leia a declaração escrita em voz alta antes de deitar à noite e pela manhã ao levantar. Enquanto lê, acredite que o dinheiro já está em seu poder. Veja e sinta a cena.

Foco

Foco é a capacidade de fixar a mente e a energia no que está se fazendo no momento. O foco garante a permanência em uma tarefa até a conclusão. A primeira coisa para manter o foco é eliminar distrações (como as redes sociais).

Don Crowther ensina a técnica de foco de 48 minutos, muito fácil de ser assimilada com a prática. Quando há algo importante a ser feito, devemos eliminar as distrações e manter a mente fixa na tarefa durante 48 minutos, usando um cronômetro. Depois podemos caminhar ou fazer outra coisa agradável durante 12 minutos; se necessário, repetir os 48 minutos de foco.

A desordem é inimiga do foco. Um ambiente de trabalho organizado favorece a concentração, pois elimina distrações e cria uma atmosfera leve e agradável.

Para ficar focado, concentre-se em uma coisa de cada vez e comece qualquer tarefa como se fosse a mais importante do dia, alternando entre tarefas de baixa e de alta intensidade.

Dedique tempo às coisas que causam preocupação. Empurrar os problemas ou as tarefas mais tediosas com a barriga só tende a dificultar as coisas.

Assuma sua identidade

Assumir uma nova identidade implica mudanças internas que irão se projetar externamente. É preciso pensar como a pessoa que você quer ser. Ao dizer "eu sou presidente" e aceitar a declaração como verdade, o cérebro começa a trabalhar para realizar esse pensamento, gerando comportamentos compatíveis com a nova identidade.

No livro de Gary Bertwistle intitulado *Quem roubou minha motivação?*, há um conselho muito importante: seja uma marca. Isso significa fazer propaganda de si mesmo às pessoas certas, usando os seguintes passos:

- Defina para quem você precisa se promover.
- Defina em uma frase o que você faz.
- Defina o que o torna único em comparação a qualquer outro que possa realizar o trabalho (tente resumir em uma palavra).
- Como você fará com que as pessoas saibam? Como demonstrará isso ou se promoverá para as pessoas de posição superior à sua ou aos colegas de trabalho?

Por onde começar

A roda da vida é uma ferramenta muito utilizada em *coaching* para a definição de metas. Consiste em um círculo dividido em quatro áreas: qualidade de vida, pessoal, relacionamentos e profissional. Cada área é dividida em assuntos. Defina honestamente o seu nível de satisfação em cada assunto, de 1 a 10. A partir disso, é possível melhorar seu nível de satisfação em cada aspecto, respondendo às perguntas específicas do assunto cujo nível de satisfação deseja ver aumentado.

- Assunto: _____
- Qual o seu nível atual de satisfação nessa área?
- Que fatores contribuíram para essa pontuação?
- Que nível você considera ideal?
- Que ações você irá adotar para atingir o nível ideal? (Lembre-se de estabelecer ações específicas e um prazo definido.)

SEGREDO N° 12

MOTIVAÇÃO

Motivação pode ser entendida como força de vontade, entusiasmo, desejo, energia que move rumo a um objetivo. É o que motiva a ação. A motivação pode se referir a fazer alguma coisa (economizar dinheiro) ou não fazer (não jantar fora para economizar) e sempre está associada a alguma tarefa específica ou objetivo definido. O estímulo pode envolver a possibilidade de castigo ou de recompensa.

A motivação é intrínseca quando a atividade em si estimula (comer algo saboroso). É extrínseca quando se refere ao resultado e não à ação (comer algo de que não se gosta porque faz bem à saúde).

Fatores de motivação

Alguns dos principais fatores motivacionais são:

- ◆ Necessidade: é o principal fator de motivação. Quanto maior a necessidade, maior a motivação para satisfazê-la.
- ◆ Busca de prazer.
- ◆ Desejo de superação pessoal.
- ◆ Desejo de aceitação e medo de rejeição.
- ◆ Competitividade.
- ◆ Desejo de aprender.
- ◆ Transcendência: o desejo de ser parte de algo maior ou de entrar para a história.
- ◆ Provar o valor e a capacidade pessoal.
- ◆ Vingança.
- ◆ Sentimentos: amor, amizade, ódio, rancor e outros muitas vezes são mais fortes do que a razão.
- ◆ Dinheiro: para a satisfação das necessidades básicas e de desejos variados, de *status* e poder.

- Solidariedade.
- Senso de dever.

Fatores antimotivacionais

Os principais fatores antimotivacionais são:

- Saúde debilitada.
- Estresse.
- Baixa autoestima.
- Falta de interesse: torna as tarefas penosas e desgastantes.
- Expectativas ou atitudes negativas.
- Desorganização: inclui a desordem no ambiente e nas atividades, a falta de objetivos ou de planos definidos.
- Perfeccionismo: o perfeccionista nunca considera uma tarefa concluída ou suficientemente boa.
- Inibidores externos: gente pessimista ou sem entusiasmo.
- Inibidores internos: crenças negativas (não posso, não consigo, não tenho tempo etc.).

Influência do ambiente

O ambiente em que vivemos reforça ou debilita nossa motivação. Um dos principais aspectos do ambiente é a organização. Bagunça, falta de higiene, de luz e de aeração afetam sensivelmente a motivação.

Os ambientes familiar e social devem ser acolhedores e proporcionar as ferramentas emocionais e intelectuais que serão utilizadas ao longo da vida. No ambiente educativo, a motivação depende de docentes empáticos e estimulantes e de estudantes interessados. O ambiente laboral deve dar sentido de pertencimento, reforçar a autoestima e a autoconfiança. É importante estabelecer vínculos baseados em respeito, solidariedade, cooperação e valorização mútua.

Zona de conforto

Zona de conforto é uma situação na qual nos sentimos seguros e queremos permanecer. Pode ser um relacionamento ou um emprego, por exemplo. Todavia, para haver crescimento, é necessário sair da zona de conforto e correr riscos.

Estresse, sensação de sobrecarga e aborrecimento com a rotina, insatisfação financeira ou qualquer outra indicam que é hora de pensar a fundo sobre o que realmente queremos, qual a mudança que precisamos fazer e para quê. É preciso ter claro também o que nos motiva e fortalecer esses fatores, identificar o medo e suas causas e antever o que pode ser feito se algo sair errado. No início é comum sentir medo, insegurança, dúvida, mas aos poucos as emoções vão dando lugar à racionalidade. Muitas vezes, a simples existência de um plano B é suficiente para remover o medo.

Tenha em mente que, se outra pessoa conseguiu, você também pode. Lembre-se das vezes em que saiu da zona de conforto, como foi a experiência, quais as dúvidas e como foram solucionadas, que estratégias e pessoas foram importantes, como os problemas foram resolvidos e qual o sentimento após conseguir o que queria. Seja perseverante; é comum haver obstáculos, mas dificilmente algo não pode ser superado. Um objetivo claro e um bom plano são a sua passagem para fora da zona de conforto.

Gerenciamento motivacional

Comece o dia com algo que você ama – música, exercício, desjejum. Lembre-se: cada dia é uma nova oportunidade.

Não permita que o perfeccionismo o impeça de agir. Não desanime com erros. Encare falhas e obstáculos como oportunidades de aprendizado.

Divida tarefas não motivadoras em etapas, sempre que possível fixando prazo. Mantenha o foco no agora. Quando estiver com pouca energia, concentre-se nas tarefas mais simples e rápidas. Quando estiver sobrecarregado, comece pelo que for mais atrativo. Cultive a gratidão e a comemoração. Dê-se um prêmio ao finalizar sua tarefa.

Tenha em mente os benefícios materiais e emocionais da tarefa. O trabalho, por exemplo, deve ser visto como uma missão. É preciso ir além das necessidades pessoais, identificando de que forma a atividade ajudará outras pessoas.

Faça uma lista de tarefas para planejar o uso do tempo. Deixe as mais complexas ou de alta concentração para o período do dia em que seu cérebro está mais ativo.

Tente mudar a configuração de tarefas tediosas, por exemplo, ouvindo música enquanto a executa. Cuidado apenas para não perder a concentração. Recolha o melhor da experiência, sem pensar só no resultado. Às vezes, uma experiência não é motivadora até tomarmos a decisão de executá-la; a única coisa que temos que fazer é decidir fazer.

Durma e alimente-se bem, pratique atividade física regular. Use a imaginação para ver e sentir a tarefa realizada (ou o que ocorrerá caso não a realize). Reserve tempo para relaxar. Em tarefas de muita concentração, faça uma pausa de um a cinco minutos a cada hora de trabalho.

Use a internet e as redes sociais para buscar conhecimento e apoio. Compartilhe suas conquistas com amigos e familiares, gerando compromisso, engajamento e apoio.

Há dois exercícios muito simples para obter motivação:

💎 Faça uma lista de dez benefícios que seu objetivo irá proporcionar. Espalhe essa lista por lugares visíveis da casa (porta da geladeira, mesa de cabeceira, espelho do banheiro). Leia a lista sempre que deparar com ela.

- Selecione o item mais importante da lista. Acomode-se em um lugar sossegado, feche os olhos e se imagine vivenciando o objetivo atingido. Veja, escute, sinta... Termine o exercício dizendo: EU POSSO!

Motivando equipes

No ambiente corporativo, não basta competência, é preciso motivação. Algumas estratégias simples são as seguintes:

- Reconhecer publicamente as conquistas da equipe;
- Agradecer quando uma tarefa é completada;
- Criar uma atmosfera divertida;
- Deixar a equipe assumir responsabilidades e riscos;
- Dar recompensas, como vale-presente ou bonificação;
- Criar uma premiação;
- Comemorar resultados, por exemplo, com um almoço;
- Promover um dia de lazer com a equipe e seus familiares;
- Liberar o trabalho em casa quando a tarefa o permitir;

- Manter a equipe atualizada via e-mails e boletins;
- Definir metas e prazos realistas;
- Elogiar;
- Proporcionar treinamento e eventos;
- Subsidiar planos de saúde;
- Ser solidário, compreender erros decorrentes de dificuldades na vida pessoal;
- Não criticar em público.

É preciso eliminar fatores de desmotivação, como longas horas de trabalho, falhas de comunicação, prazos impossíveis, hierarquia rígida, incompatibilidades entre integrantes, pessoas negativas, falta de perspectiva de progresso ou aperfeiçoamento, falta de integração, falta de confiança na equipe ou falta de autoconfiança de alguns integrantes.

O poder do agora

"Não deixe para amanhã o que você pode fazer hoje." Evite a procrastinação com a regra de dois minutos de David Allen, criador do método de gerenciamento de tempo Getting Things Done. Primeiro: se algo toma menos de dois minutos, deve ser feito agora – responder um e-mail, por exemplo. Segundo: quando começamos um novo hábito, este deve ser realizado em dois minutos. Se você quiser praticar corrida, corra dois minutos três vezes por semana, para sair da zona de conforto e começar, a parte mais difícil do processo.

Outras medidas contra a procrastinação consistem em evitar distrações como a TV e celular; buscar aperfeiçoamento; colocar um prazo limite para realizar a tarefa; dividir o trabalho extenso em partes, criando metas menores; detectar os momentos de maior produtividade para realizar as tarefas; planejar e controlar o tempo; procurar ser metódico, isto é, ter um método de trabalho; criar uma lista de tarefas, começando pelas mais simples, pois o mais difícil é começar; compartilhar projetos, pedir ajuda para aliviar a carga e aprender a dizer não, pois às vezes uma pessoa se sobrecarrega apenas por não saber recusar tarefas.

SEGREDO N° 13

AUTOCONFIANÇA

Falta de autoconfiança geralmente é sinal de baixa autoestima. Nathaniel Branden, autor de *Autoestima e seus seis pilares*, estabeleceu que a autoestima depende do seguinte:

- Viver consciente de suas ações, propósitos, valores e metas ao máximo de suas capacidades.
- Aceitar-se e se respeitar, compreendendo seus valores e comportamentos, evitando a autossabotagem.
- Assumir a responsabilidade por sua vida e por suas ações.
- Buscar a satisfação de seus desejos e necessidades sem prejudicar outrem, mas colocando-se em primeiro lugar.

- ♦ Ter metas e agir para realizá-las, em vez de viver ao sabor da sorte e do azar.
- ♦ Ser íntegro. Pergunte-se: sou honesto e confiável? Faço o que digo e que admiro e evito o que deploro? Sou justo nos relacionamentos? Integridade consiste na integração de ideais, convicções, normas, crenças e conduta.

Se você tem autoconfiança, ótimo. Espero que também tenha inteligência emocional para administrá-la, evitando qualquer sinal agressivo ou de superioridade diante de pessoas que podem influenciar sua vida ou carreira.

Se você não se sente confiante, proponho práticas diárias para desenvolver o hábito da autoconfiança. No início você interpretará como um ator, mas com o tempo a autoconfiança se tornará parte de sua personalidade.

Posturas de poder

A confiança começa nos pés. Mantenha-os plantados no chão, com o peso distribuído e sem se apoiar na parte externa ou interna das solas. Evite posturas de desequilíbrio, com apoio em uma perna, ou de proteção, com pernas ou braços cruzados, a menos que a outra pessoa se posicione assim.

Mantenha a cabeça erguida e estique a coluna, com a pélvis para dentro. Posturas curvadas transmitem falta de confiança. Acostume-se a andar ereto. Caminhe sem olhar para os pés, com passos decididos e curtos, sem precipitação.

Estabeleça contato visual de forma agradável. O aperto de mão deve ser firme, sem excessos. Ao sentar, assuma o controle da cadeira. Não se recline nem ocupe o espaço timidamente. Procure apoiar os cotovelos, mantenha-se ereto, mas confortável; por mais cansado que esteja, não se curve. Evite sentar-se com o peito estufado e com as mãos atrás da cabeça, dando impressão de confiança excessiva. O mesmo vale para as mãos na cintura.

Antes de ingressar em um recinto em que você vai ser observado, recupere sua postura de poder. Não entre com bolsa, telefone ou outros objetos nas mãos, que devem estar livres para os cumprimentos. Relaxe a expressão.

Palavras mágicas: "Eu posso"

Elimine crenças negativas como "não posso", "não consigo". Diga "Eu posso" para si mesmo em qualquer circunstância, com fé e vontade, e deixe o poder das palavras modificá-lo.

Estratégias específicas

Confiança antes de uma prova ou exame

- Faça alguns exercícios rápidos para aliviar o estresse.
- Medite.
- Repita o mantra: "Estou tranquilo, confiante e tenho o controle da situação".
- Elimine distrações, incluindo o telefone.
- Ouça música clássica.
- Repasse a matéria rapidamente e utilize a autossugestão, pensando: "Absorve, absorve, absorve intensamente".
- Não diga que está nervoso.
- Mentalize-se fazendo a prova com confiança.

- Pense em uma recompensa para depois da prova.

Confiança durante uma prova ou exame

- Durma bem na noite anterior.
- Respire fundo e lentamente antes de começar; feche os olhos e veja-se fazendo a prova com calma e confiança.
- Espreguice-se.
- Coma, evitando quedas de açúcar e perda de energia.
- Repita: "Estou tranquilo, tenho confiança e controle".
- Imagine-se fazendo a prova em uma praia ou em outro ambiente relaxante.
- Massageie o lóbulo da orelha durante o exame.
- Em caso de branco, deixe a mente fluir sem esforço ou imagine-se entregando a prova concluída e indo embora.

Confiança em uma entrevista

- Antes de entrar, faça um alongamento, especialmente das mãos, para evitar o indesejável tremor.

- ⬥ Adote sua postura de poder e faça uma boa entrada.
- ⬥ Mantenha a mão direita livre para cumprimentar.
- ⬥ Espere ser convidado a sentar.
- ⬥ Utilize sinais de escuta ativa, concordando com a cabeça.
- ⬥ Se não souber responder, admita, sem tentar enrolar.
- ⬥ Utilize gestos enfáticos até a altura dos ombros; evite movimentos nervosos, como apertar as mãos.
- ⬥ Estabeleça contato visual; se isso for problema, olhe entre as sobrancelhas do entrevistador.
- ⬥ Espelhe as posturas e fala do entrevistador com discrição.
- ⬥ Ao sair, agradeça, sorria e dê um aperto de mão.

Confiança ao participar de reuniões

- ⬥ Chegue pontualmente e faça uma boa entrada.
- ⬥ Escolha um assento que demonstre poder e confiança, mas sem ameaçar quem estiver hierarquicamente acima.
- ⬥ Saúde os colegas com cumprimentos firmes.

- ◆ Planeje alguma coisa breve, porém relevante, para dizer.
- ◆ Se a ordem permitir, fale nos três primeiros minutos.
- ◆ Apresente-se com posição de poder.
- ◆ Tome notas durante a reunião.
- ◆ Utilize o nome do coordenador quando falar.
- ◆ Não levante a voz ao debater um tema.
- ◆ Acene com a cabeça, demonstrando concordância; caso discorde, manifeste-se verbalmente.

Confiança diante do chefe

- ◆ Pense que é uma pessoa como você, com frustrações, necessidades e sonhos, que lutou para chegar onde está.
- ◆ Você talvez se recorde de seu pai, professor ou outra figura de autoridade, então procure vê-lo de outra forma.
- ◆ Ao se dirigir a seu chefe, imagine que ele está vestido e maquiado como um palhaço.

Confiança ao pedir aumento

- Tenha senso de oportunidade, identificando quando seu chefe está aberto para essa conversa persuasiva.
- Agradeça pela oportunidade, elogie a atenção que a equipe recebe e que o motivou a procurá-lo.
- Não reclame.
- Seja claro, breve e educado, explicando por que merece e precisa do aumento.
- Escute com atenção.
- Se receber uma negativa, diga: "Compreendo e mais uma vez agradeço; quais seriam os passos e o melhor momento para voltar a esse assunto?".
- Sempre planeje antes o que pretende dizer.

Confiança em um encontro

- Encare todo encontro, ainda que casual, como a chance de criar uma nova amizade, sem se preocupar em seduzir ou impressionar, pois isso gera ansiedade.

- Não tenha pressa em ganhar intimidade.
- Se possível, prepare-se emocionalmente para o encontro.
- Faça contato emocional e sorria amistosamente.
- Adote as posturas da outra pessoa.
- Procure escutar e contribuir com o assunto.
- Se a conversa não estiver fluindo, mantenha uma conversação descritiva sobre o lugar e comece a fazer comparação com outros lugares em que você esteve.
- No restaurante, escolha um prato fácil de consumir e não exagere na bebida; se possível, beba o mesmo que a outra pessoa.
- Acompanhe o ritmo de comer da outra pessoa, evitando ficar só ou deixá-la comendo sozinha.
- Não divida a conta com uma mulher, ainda que ela queira; diga: "Na próxima vez, deixo por sua conta".

Confiança sexual

- Entenda que sexo é uma atividade prazerosa destinada

à nossa sobrevivência e deve ser tão natural quanto comer ou dormir, sem parecer um esporte olímpico.

- Aproveite sua vida sexual com diversão e bom humor.
- O que gera nervosismo é a ideia de ter que dar um *show* na cama, mas certamente a outra pessoa não espera isso.
- Evite comparações com atores profissionais, pois o sexo dos filmes não é verdadeiro, como tudo nos filmes.
- Ninguém tem uma vida sexual perfeita.
- Mesmo um bom sexo não é bom sempre.
- Não pense que a outra pessoa está preocupada com as imperfeições do seu corpo.
- Aprenda sobre sexo em revistas e livros especializados, e não com artistas e atrizes da indústria pornográfica.
- Use a mentalização para visualizar-se em relações sexuais saudáveis, leves e divertidas.

SEGREDO N° 14

A ARTE MÁGICA DO LÍDER

- ◈ Liderança não tem a ver com títulos.
- ◈ Liderança não tem a ver com cargo ou hierarquia.
- ◈ Liderança não tem nada a ver com atributos pessoais. Não é requisito ter carisma ou qualidades excepcionais.
- ◈ Liderança não é chefia.
- ◈ Liderança é um processo de influência e engajamento, não de medo e submissão.
- ◈ Liderança empodera os liderados, que seguem o líder porque sabem que assim se tornarão pessoas melhores.

- Liderança independe do grau de instrução, pois tem mais a ver com sensibilidade do que com conhecimento.
- Liderança relaciona-se à obtenção de resultados ligados a causas coletivas, e não a causas particulares.

Como ser um líder inspirador

Simon Sinek, autor de *Comece pelo porquê: Como grandes líderes inspiram pessoas e equipes a agir*, garante que todos os líderes inspiradores pensam, agem e se comunicam seguindo o padrão do Círculo Dourado. Observe a imagem:

- 💠 O QUÊ? É o seu produto, serviço e benefício. Toda pessoa ou organização do planeta sabe o que faz.
- 💠 COMO? É o seu diferencial, sua proposta de valor; com certeza você faz algo diferente dos demais. Em geral, pessoas e organizações sabem o que fazem e como fazem.
- 💠 POR QUÊ? É a razão pela qual você faz o que faz. Poucos sabem com clareza o propósito do que fazem.

A maioria dos empreendedores coloca o foco em "o quê" e "como", mas o segredo do sucesso está no "por quê". Um líder que inspira pelo propósito não precisa impor sua vontade. Propósito distingue influência de manipulação.

Entender o funcionamento do Círculo Dourado significa entender a importância do valor da coisa, e não a importância da coisa em si. Depois de identificado, o propósito deve ser a fonte de suas ações e de sua comunicação.

Como criar um bom ambiente

Bob Lee apresenta práticas simples no livro *Regras da confiança: como os melhores gerentes do mundo constroem as melhores empresas para trabalhar*, aplicáveis a empresas e a todas as situações de liderança. Confira:

- ◈ Confie. Não se pode esperar confiança sem confiar. Contudo, não confie cegamente; ofereça a quantidade certa de confiança à pessoa certa no momento certo.
- ◈ Viva com integridade. Seja fiel à sua palavra em tudo. Haja como se todos o observassem (porque observam).
- ◈ Cumpra suas promessas. Pense antes de prometer e esclareça a promessa. Se tiver de quebrar a promessa, informe os afetados o mais rápido possível.
- ◈ Seja acessível e receptivo. Ouça os colaboradores com atenção e fale informalmente com eles todos os dias.
- ◈ Dê respostas diretas. Comunique-se proativamente, sem esperar ser questionado. Omitir informações pode ser interpretado como mentir.
- ◈ Encoraje os colaboradores a gerar soluções e dê um retorno a cada sugestão oferecida, por mais impraticável que pareça. Seja construtivo, atencioso e sensível.

- Envolva as pessoas em decisões que as afetam. Permita que os outros participem das decisões que os afetam, respeitando as limitações de cada um.
- Esclareça suas expectativas. Os colaboradores precisam saber exatamente o que o líder espera deles.
- Seja acolhedor ao dar as boas-vindas. Reduza a ansiedade do colaborador no primeiro dia de trabalho.
- O trabalho de ninguém é "só" alguma coisa. Ajude seus colaboradores a contribuir para o sucesso da organização e deixe que tenham influência na forma como desempenham as atividades.
- Demonstre gratidão. O reconhecimento deve ser gratuito, simples e frequente, mas nunca elogie por elogiar. Não diga a um colaborador simplesmente que ele fez um ótimo trabalho, diga *como* ele fez isso.
- Conheça o colaborador por inteiro. Respeite-o e o ajude.
- Ajude as pessoas a encontrar o equilíbrio entre trabalho e vida pessoal. Esse equilíbrio é necessário a todos.

- 💎 Seja justo com todos. Tratar de forma justa não é o mesmo que tratar igualmente; trate cada um de forma apropriada à sua contribuição para a organização. Não basta ser justo. O líder deve ser visto como justo. Fique atento a discriminação ou parcialidade inconsciente e esteja pronto para intervir e eliminar essas atitudes.

- 💎 Divirtam-se juntos. Divertimento no trabalho é a liberdade de ser quem se é no ambiente profissional. Mostre sua aprovação e deixe acontecer.

Os segredos da influência emocional

Liderança é uma forma de influência. Nenhuma ferramenta de influência é tão poderosa quanto o entusiasmo. No livro *Trabalhando com a inteligência emocional*, Daniel Goleman diz que emoções são contagiantes e se espalham como um vírus. O líder é uma fonte do tom emocional da equipe.

O entusiasmo que emana do líder pode conduzir o grupo na direção desejada. Além disso, as pessoas tendem a imitar o líder.

Empatia é fundamental para exercer influência. Daniel Goleman diz que o primeiro passo para exercer influência é estabelecer um *rapport*, tema abordado no Segredo nº 4.

Negociação e gestão de conflitos

Para gerenciar conflitos e neutralizar problemas, Daniel Goleman recomenda:

- Lidar com tato com pessoas difíceis e situações tensas;
- Identificar conflitos potenciais, trazendo à tona os desacordos e ajudando a desativar a situação;
- Incentivar o debate e a discussão aberta;
- Construir soluções em que todos saiam ganhando.

Goleman ensina que a liderança exige posturas mais duras quando a persuasão, a formação de consenso e outras formas de influência não dão resultado; nesses casos, resta utilizar o poder da posição.

A fórmula do líder

$$L = I + M + E$$

Liderar (L) é Influenciar (I), Motivar (M) e Engajar (E). Essa fórmula simples e prática pode ser aplicada na vida pessoal e profissional. Vejamos os componentes.

Influenciar

As armas da influência são:

- ◈ Caráter: conjunto de hábitos, virtudes e vícios. Liste as coisas de que gosta em você e que considera positivas para a equipe; liste o que não gosta em você e que considera ruim para o grupo. A partir dessas listas, procure potencializar o que gosta e eliminar o que não gosta, para desenvolver um caráter positivo.

- ◈ Autoridade: não confundir com autoritarismo. Autoridade é conhecimento e respeitabilidade em relação à equipe e à atividade desenvolvida. Autoridade transmite confiança à equipe, que percebe que o líder detém conhecimentos suficientes para compreender os problemas e auxiliar na busca de soluções.

- Comunicação: não é o que você diz, mas o que a outra pessoa compreende. É essencial comunicar os objetivos de forma clara. A equipe precisa saber qual é a missão.

Motivar

Há duas formas básicas de motivar uma equipe:

- Recompensa: uma boa remuneração é motivadora, mas as pessoas não trabalham apenas por dinheiro, podendo sentir-se recompensadas com o reconhecimento do esforço ou do resultado atingido.

- Elogio: é a principal forma de satisfazer alguém, pois diz respeito às necessidades do ego. *Feedbacks* negativos não precisam ter tom de crítica. E a crítica deve ser feita com respeito e consideração. Comece enaltecendo ou agradecendo e depois estabeleça o ponto negativo. Elogie em público e critique em particular.

Engajar

Engajar é obter comprometimento. Motivação é o impulso para começar, engajamento é a força para terminar bem o que se começou. Para conseguir engajamento, um líder precisa:

- ◈ Compartilhar os resultados, os problemas e as soluções.
- ◈ Reconhecer a importância do trabalho da equipe.
- ◈ Integrar os colaboradores para que se sintam parte de algo maior, que ficará para o futuro.

Finalmente...

O grande papel do líder é desenvolver potencialidades. Um líder não é aquele que brilha, mas sim aquele que acende uma luz dentro de cada ser humano com que interage.

Caro leitor

O Diamante de Bolso é uma pequena joia para o seu dia a dia. Aprofunde e enriqueça sua experiência com a leitura da edição original e integral desta obra.